컴·퓨·터·적·사·고·력을 길러주는

아주 쉬운 코딩 놀이수학 ③

청송문화사

저자 한버공은
창의력마당수학을 집필하였습니다.

컴·퓨·터·적·사·고·력을 길러주는

아주 쉬운
코딩 놀이수학 ③

차례

1. **데이터 검색**

2. **선택 정렬**

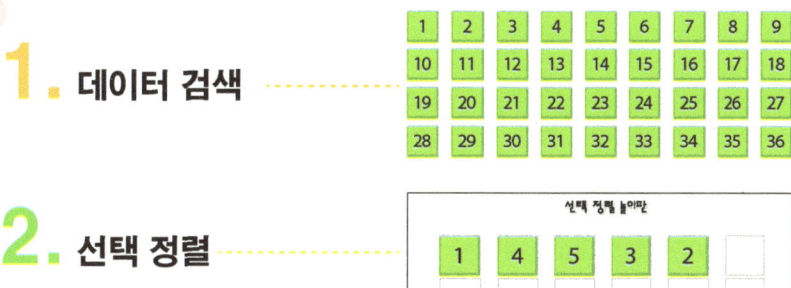

3. **퀵 정렬**

4. **신호 만들기**

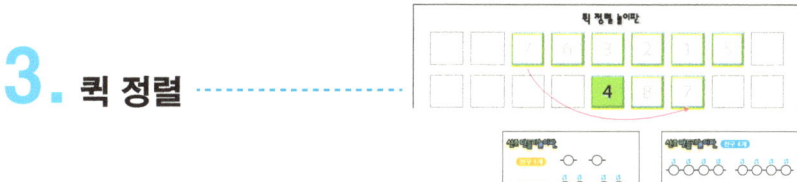

5. **전기 회로 불켜기**

6. **가로등 불켜기**

처음 시작하는 언플러그드 코딩놀이

아주 쉬운 코딩 놀이수학

데이터 검색

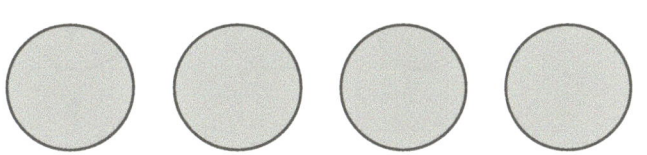

- 4와 8의 숫자가 써 있는 두 개의 숫자 타일이 뒤집혀 있습니다. 8을 찾으려고 합니다. 몇 번 만에 찾을 수 있는지 알아봅시다.

8이 첫번째 있을 경우입니다.

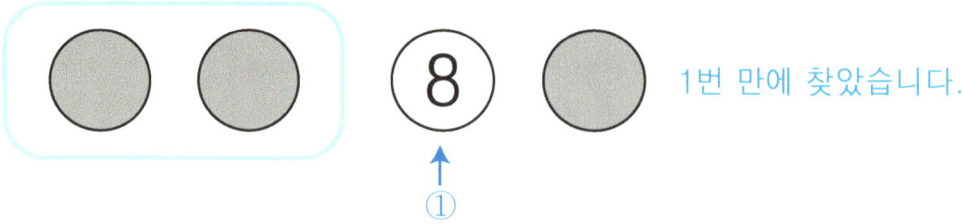

1번 만에 찾았습니다.

8이 두번째 있을 경우입니다.

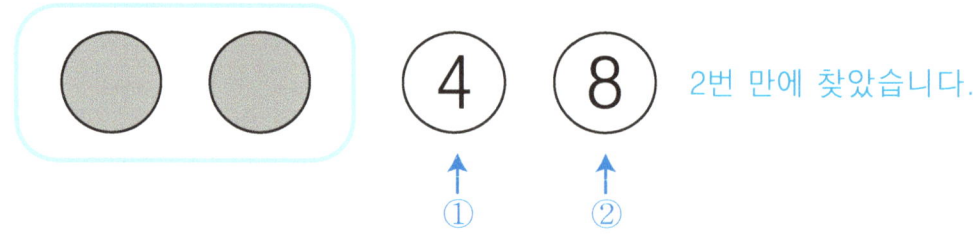

2번 만에 찾았습니다.

데이터 검색

컴퓨터에서 수많은 데이터 중에 내가 원하는 데이터를 찾아 내는 것을 검색이라고 합니다. 그 중 데이터를 첫번째부터 일일이 비교하여 찾아 내는 방법을 선형 검색이라고 합니다. 선형 검색에서 가장 빠르기는 한번 만에 정해진 수를 찾을 수 있지만 가장 늦게는 모든 수를 다 뒤집어 봐야 됩니다. 이렇게 선형 검색은 시간이 많이 걸릴 수도 있으므로 좋은 검색 방법이 아닙니다.

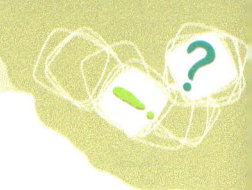

● 7, 12, 16의 숫자가 써 있는 세 개의 숫자 타일이 뒤섞여 뒤집혀 있습니다. 16을 찾으려고 합니다. 몇 번 만에 찾을 수 있는지 알아봅시다.

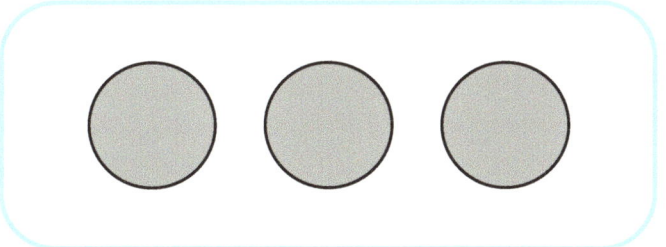

16이 첫번째 있을 경우입니다. 1번 만에 찾았습니다.

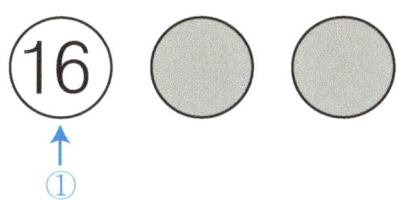

16이 두번째 있을 경우입니다. 2번 만에 찾았습니다.

16이 세번째 있을 경우입니다. 3번 만에 찾았습니다.

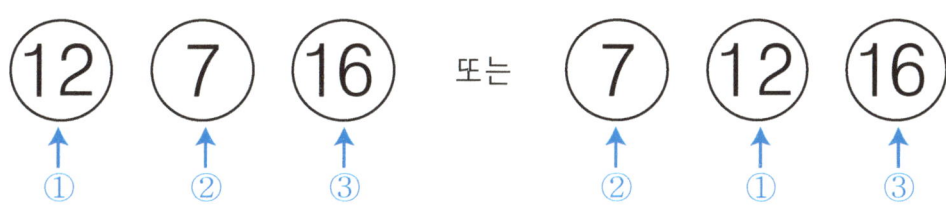

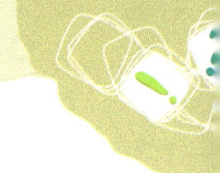

- 10, 8, 13, 20의 숫자가 써 있는 네 개의 숫자 타일이 뒤집혀 있습니다. 선형 검색으로 20을 찾으려고 합니다. 알맞게 연결하시오.

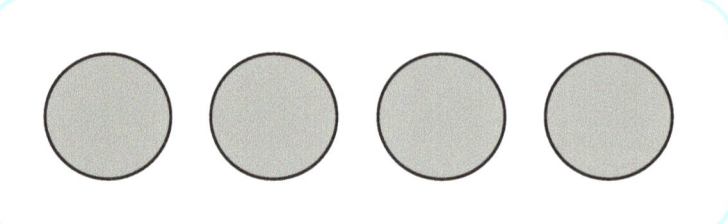

가장 빨리 찾은 경우 • • 1번 만에

가장 늦게 찾은 경우 • • 4번 만에

 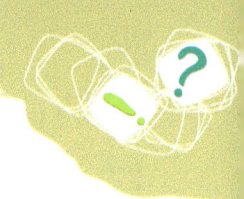

- 15, 6, 20, 31, 18의 숫자가 써 있는 다섯 개의 숫자 타일이 뒤집혀 있습니다. 선형 검색으로 31을 찾으려고 합니다. 알맞게 연결하시오.

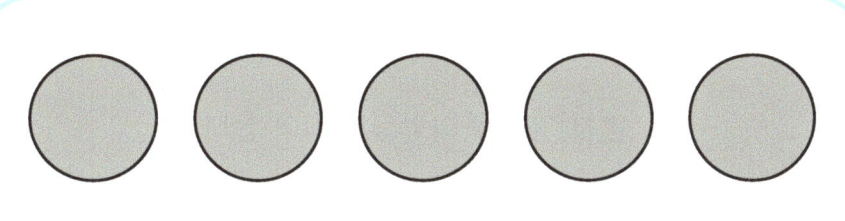

가장 빨리 찾은 경우 •　　　　　　• 1번 만에

가장 늦게 찾은 경우 •　　　　　　• 5번 만에

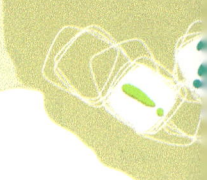

- 16이 포함된 세 개의 숫자타일이 수의 순서대로 뒤집혀 있습니다. 16을 찾으려고 할 때 몇 번 만에 찾을 수 있는지 알아봅시다.

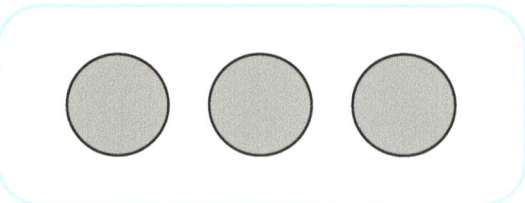

1. 먼저 가운데 타일을 뒤집어 봅니다.

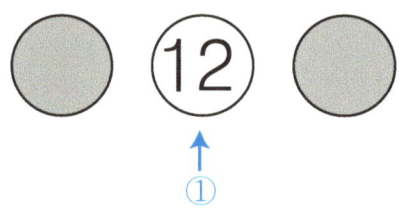

2. 수의 순서대로 타일이 뒤집어져 있으므로 16은 12보다 큰 수이므로 오른쪽 타일이 16입니다. (2 번 만에 찾아 냈습니다.)

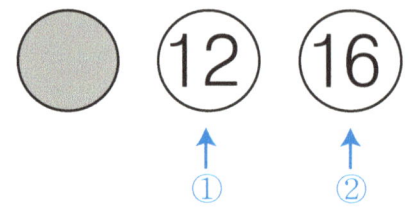

이와 같은 검색 방법을 이진 검색이라고 합니다. 이진 검색은 선형 검색에 비해 더 빠르게 원하는 데이터를 찾아낼 수 있습니다. 물론 데이터가 먼저 순서대로 정렬되어 있어야 합니다. (이진 검색의 경우 가장 빨리 찾아 낸 횟수는 선형 검색처럼 1번 만에 찾아 낼 수 있지만 가장 늦게 찾아 낸 경우는 선형 검색(3번)과 달리 2번 만에 찾아 낼 수 있습니다.)

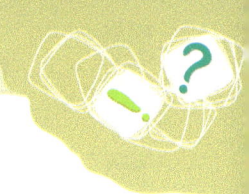

● 8이 포함된 숫자가 써 있는 네 개의 숫자타일이 순서대로 뒤집혀 있습니다. 8을 찾으려고 할 때 몇 번 만에 찾을 수 있는지 알아봅시다.

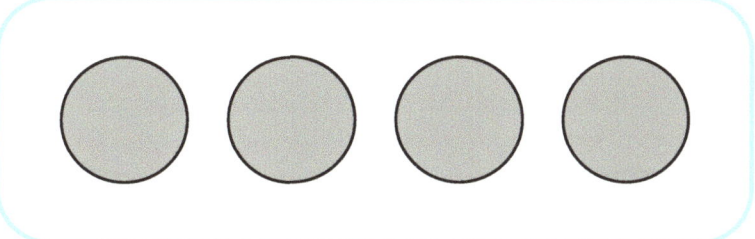

1. 먼저 세 번째 타일을 뒤집어 봅니다.

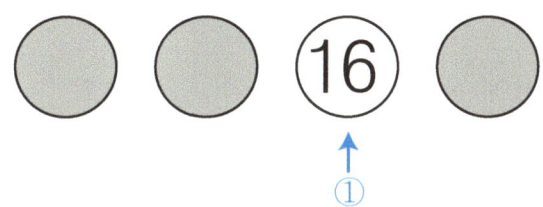

2. 수의 순서대로 타일이 뒤집어져 있으므로 8은 16보다 작은 수이므로 16의 왼쪽 타일을 뒤집어 봅니다.

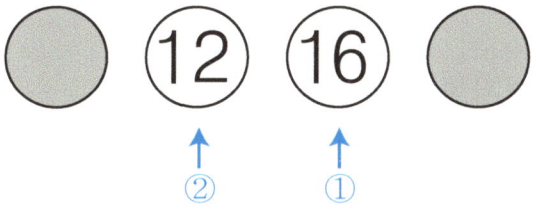

3. 8은 12보다 작은 수이므로 맨 앞의 타일이 8입니다. 3번만에 찾아냈습니다.

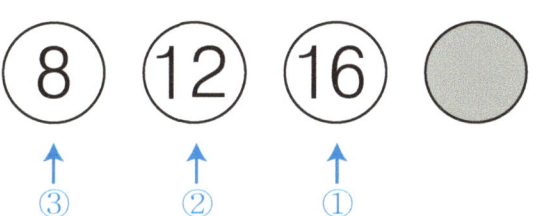

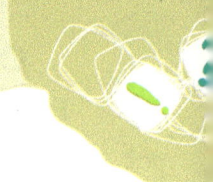

- 22가 포함된 숫자가 써 있는 세 개의 숫자타일이 순서대로 뒤집혀 있습니다. 이진 검색으로 22를 찾으려고 할 때 맞는 것에 ○표 하시오.

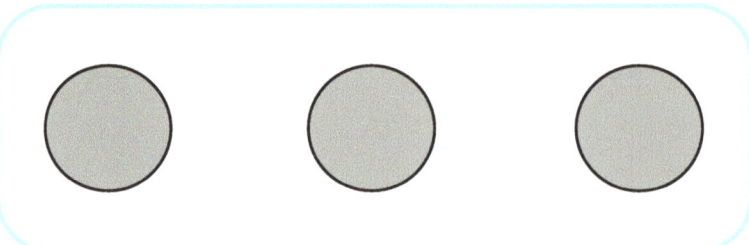

(1) 가장 빨리 몇 번만에 숫자를 찾아낼 수 있나요?

　　　　① 　1번　 (　　)

　　　　② 　2번　 (　　)

(2) 최소 몇번 만에 숫자를 찾아낼 수 있나요?

　　　　① 　1번　 (　　)

　　　　② 　2번　 (　　)

　　　　③ 　3번　 (　　)

● 14가 포함된 숫자가 써 있는 네 개의 숫자타일이 순서대로 뒤집혀 있습니다. 이진 검색으로 14를 찾으려고 할 때 맞는 것에 ○표 하시오.

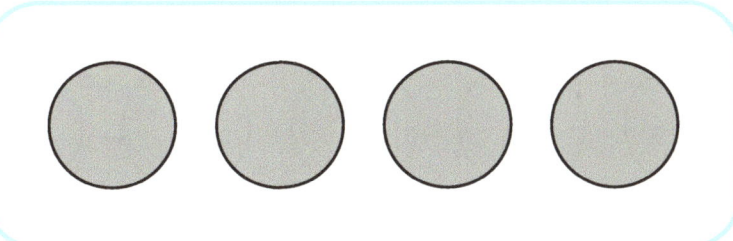

(1) 가장 빨리 몇 번만에 숫자를 찾아낼 수 있나요?

① 1번 ( )

② 2번 ( )

(2) 최소 몇번 만에 숫자를 찾아낼 수 있나요?

① 1번 ( )

② 2번 ( )

③ 3번 ( )

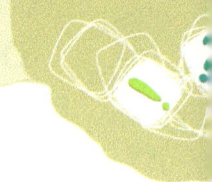

● 24가 포함된 숫자가 써 있는 다섯 개의 숫자타일이 순서대로 뒤집혀 있습니다. 이진 검색으로 24를 찾으려고 할 때 맞는 것에 ○표 하시오.

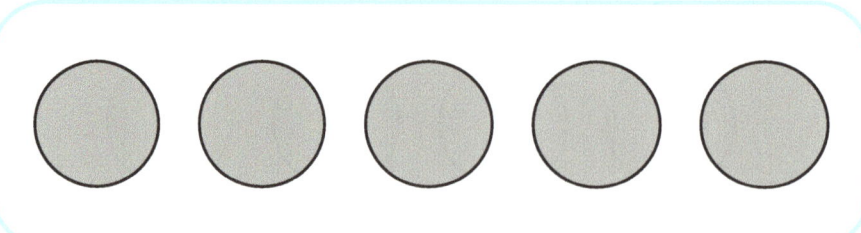

(1) 가장 빨리 몇 번만에 숫자를 찾아낼 수 있나요?

① 1번 ( )

② 2번 ( )

(2) 최소 몇번 만에 숫자를 찾아낼 수 있나요?

① 1번 ( )

② 2번 ( )

③ 3번 ( )

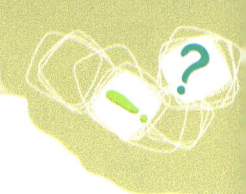

● 32가 포함된 숫자가 써 있는 여섯 개의 숫자타일이 순서대로 뒤집혀 있습니다. 이진 검색으로 32를 찾으려고 할 때 맞는 것에 ○표 하시오.

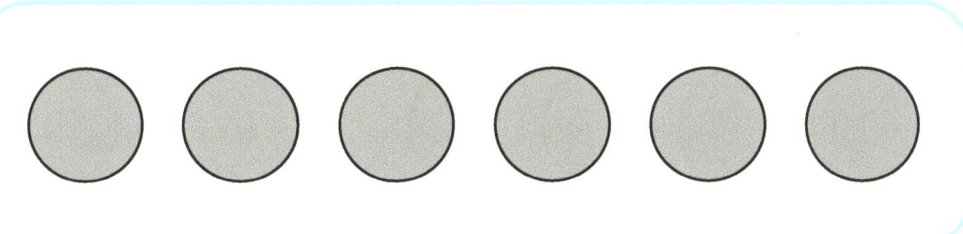

(1) 가장 빨리 몇 번만에 숫자를 찾아낼 수 있나요?

① 1번   (   )

② 2번   (   )

(2) 최소 몇번 만에 숫자를 찾아낼 수 있나요?

① 1번   (   )

② 2번   (   )

③ 3번   (   )

- 10이 포함된 숫자가 써 있는 일곱 개의 숫자타일이 순서대로 뒤집혀 있습니다. 이진 검색으로 10을 찾으려고 할 때 맞는 것에 ○표 하시오.

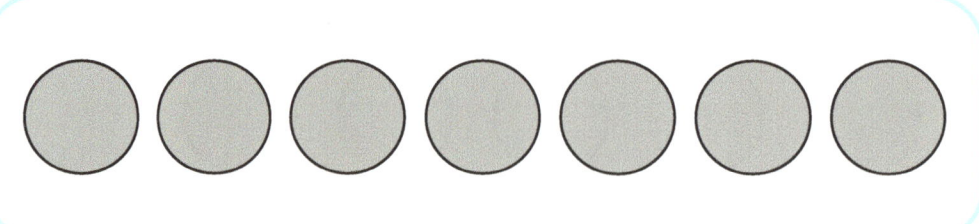

(1) 가장 빨리 몇 번만에 숫자를 찾아낼 수 있나요?

①   1번   (　　)

②   2번   (　　)

(2) 최소 몇번 만에 숫자를 찾아낼 수 있나요?

①   1번   (　　)

②   2번   (　　)

③   3번   (　　)

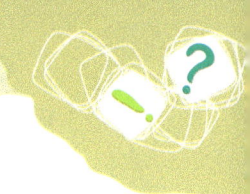

- 29가 포함된 숫자가 써 있는 여덟 개의 숫자타일이 순서대로 뒤집혀 있습니다. 이진 검색으로 29를 찾으려고 할 때 맞는 것에 ○표 하시오.

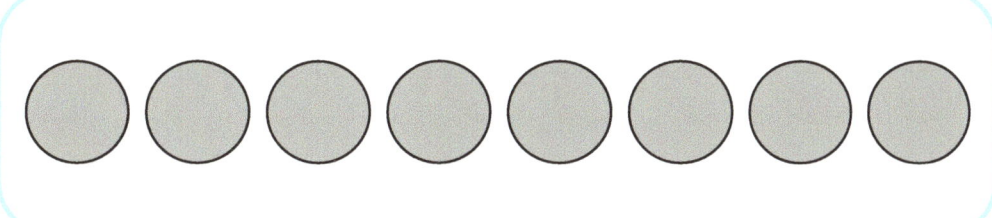

(1) 가장 빨리 몇 번만에 숫자를 찾아낼 수 있나요?

①   1번   (   )

②   2번   (   )

(2) 최소 몇번 만에 숫자를 찾아낼 수 있나요?

①   1번   (   )

②   2번   (   )

③   3번   (   )

④   4번   (   )

 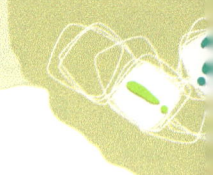

- 9가 포함된 숫자가 써 있는 아홉 개의 숫자타일이 순서대로 뒤집혀 있습니다. 이진 검색으로 9를 찾으려고 할 때 맞는 것에 ○표 하시오.

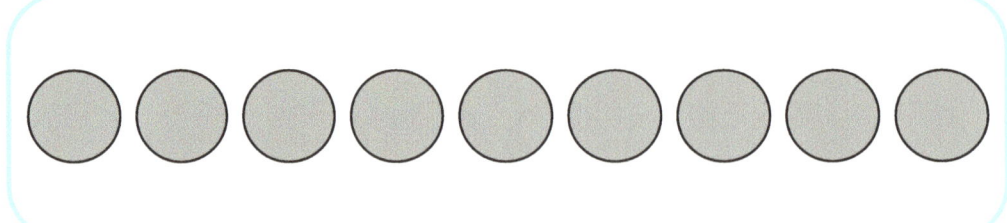

(1) 가장 빨리 몇 번만에 숫자를 찾아낼 수 있나요?

　　　　　　　① 　1번　　(　　)

　　　　　　　② 　2번　　(　　)

(2) 최소 몇번 만에 숫자를 찾아낼 수 있나요?

　　　　　　　① 　1번　　(　　)

　　　　　　　② 　2번　　(　　)

　　　　　　　③ 　3번　　(　　)

　　　　　　　④ 　4번　　(　　)

 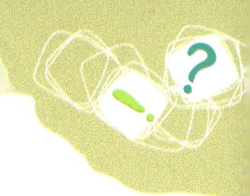

● 27이 포함된 숫자가 써 있는 열 개의 숫자타일이 순서대로 뒤집혀 있습니다. 이진 검색으로 27을 찾으려고 할 때 맞는 것에 ○표 하시오.

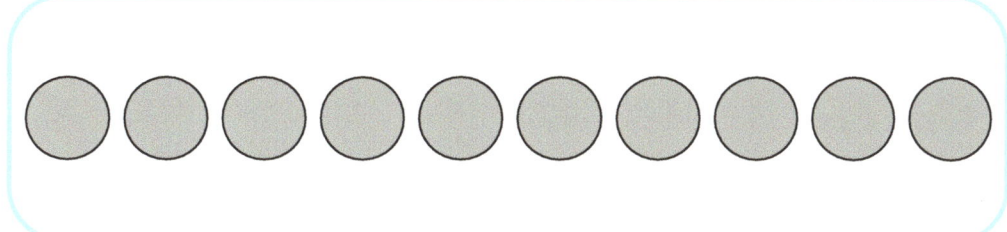

(1) 가장 빨리 몇 번만에 숫자를 찾아낼 수 있나요?

①   1번   (   )

②   2번   (   )

(2) 최소 몇번 만에 숫자를 찾아낼 수 있나요?

①   1번   (   )

②   2번   (   )

③   3번   (   )

④   4번   (   )

아주 쉬운 코딩 놀이수학 해답

4쪽
가장 빨리 찾은 경우 • ——— • 1번 만에
가장 늦게 찾은 경우 • ——— • 4번 만에

5쪽
가장 빨리 찾은 경우 • ——— • 1번 만에
가장 늦게 찾은 경우 • ——— • 5번 만에

8쪽 (1) ① 1번 (○)
(2) ② 2번 (○)

9쪽 (1) ① 1번 (○)
(2) ③ 3번 (○)

10쪽
(1) ① 1번 (○)
(2) ③ 3번 (○)

1. 먼저 가운데 타일을 뒤집어 봅니다.

2. 24는 31보다 작은 수이므로 31의 왼쪽 타일을 뒤집어 봅니다.

3. 24는 28보다 작은 수이므로 맨 앞의 타일이 24입니다. 3번만에 찾아냈습니다.

11쪽 (1) ① 1번 (○)
(2) ③ 3번 (○)

1. 먼저 가운데 타일을 뒤집어 봅니다.

2. 32는 34보다 작은 수이므로 34의 왼쪽 가운데 타일을 뒤집어 봅니다.

3. 32는 28보다 큰 수이므로 오른쪽 타일이 32입니다. 3번만에 찾아냈습니다.

12쪽 (1) ① 1번 (○)
(2) ③ 3번 (○)

13쪽 (1) ① 1번 (○)
(2) ④ 4번 (○)

1. 먼저 가운데 타일을 뒤집어 봅니다.

2. 29는 15보다 큰 수이므로 15의 오른쪽 가운데 타일을 뒤집어 봅니다.

3. 29는 18보다 큰 수이므로 오른쪽 타일을 뒤집어 봅니다. 4번만에 찾아냈습니다.

14쪽 (1) ① 1번 (○)
(2) ④ 4번 (○)

15쪽 (1) ① 1번 (○)
(2) ④ 4번 (○)

1. 먼저 가운데 타일을 뒤집어 봅니다.

2. 27은 31보다 작은 수이므로 31의 왼쪽 가운데 타일을 뒤집어 봅니다.

3. 27은 12보다 큰 수이므로 오른쪽 타일을 뒤집어 봅니다. 4번만에 찾아냈습니다.

처음 시작하는 언플러그드 코딩놀이

아주 쉬운 코딩 놀이수학

선택 정렬

5   2   1

5   2   1

→ (　) (　) (1)

→ (　) (5) (　)

→ (1) (2) (5)

● 다음의 두 자료를 비교하시오.

```
A : 4 2 6 5 3

B : 2 3 4 5 6
```

A자료는 정렬이 안되어 있습니다.
B 자료는 순서대로 정렬이 되어 있습니다.
어떤 숫자를 찾을 때 순서대로 정렬이 되어 있는 자료에서는
원하는 숫자를 쉽게 찾을 수 있습니다.

정렬 알고리즘

컴퓨터에서는 자료가 어떤 원칙에 의해 정렬되어 있으면 원하는 자료를 쉽게 찾을 수 있습니다. 이러한 것을 위해 정렬 알고리즘을 사용합니다.

● 다음 자료를 작은 수부터 정렬하는 방법을 알아보시오.

$$6\ 4\ 5\ 2$$

1. 먼저 맨앞의 두 수 6과 5를 비교하여 작은 수를 먼저 씁니다.(자리 바꿈)

$$6\ 4\ 5\ 2 \rightarrow 4\ 6\ 5\ 2$$

2. 다음은 처음 수와 세번째 수를 비교하여 작은 수를 먼저 씁니다. 이때 앞의 수가 작으면 그대로 둡니다.(자리를 바꾸지 않음)

$$4\ 6\ 5\ 2 \rightarrow 4\ 6\ 5\ 2$$

3. 다음은 처음 수와 네번째 수를 비교하여 작은 수를 먼저 씁니다.(자리 바꿈) 가장 작은 수 2가 맨앞에 왔습니다.

$$4\ 6\ 5\ 2 \rightarrow 2\ 6\ 5\ 4$$

4. 다음은 두번째 6과 세번째 5를 비교하여 작은 수를 먼저 씁니다.(자리 바꿈)

$$2\ 6\ 5\ 4 \rightarrow 2\ 5\ 6\ 4$$

5. 다음은 두번째 5와 네번째 4를 비교하여 작은 수를 먼저 씁니다.

$$2\ 5\ 6\ 4 \rightarrow 2\ 4\ 6\ 5$$

6. 다음은 세번째 6과 네번째 5를 비교하여 작은 수를 먼저 씁니다. 수의 순서대로 정렬되었습니다.

$$2\ 4\ 6\ 5 \rightarrow 2\ 4\ 5\ 6$$

선택 정렬

이와 같이 서로 다른 두 수를 차례대로 전체를 비교하여 정렬하는 것을 선택 정렬이라고 합니다.

● 선택 정렬 알고리즘을 이용하여 다음의 자료를 정렬하시오.

5 3

5 3

(   )(   )

4 1

4 1

(   )(   )

● 선택 정렬 알고리즘을 이용하여 다음의 자료를 정렬하시오.

5 2 1

5 2 1

→ (   ) (   ) (1)

→ (   ) (5) (   )

→ (1) (2) (5)

● 선택 정렬 알고리즘을 이용하여 다음의 자료를 정렬하시오.

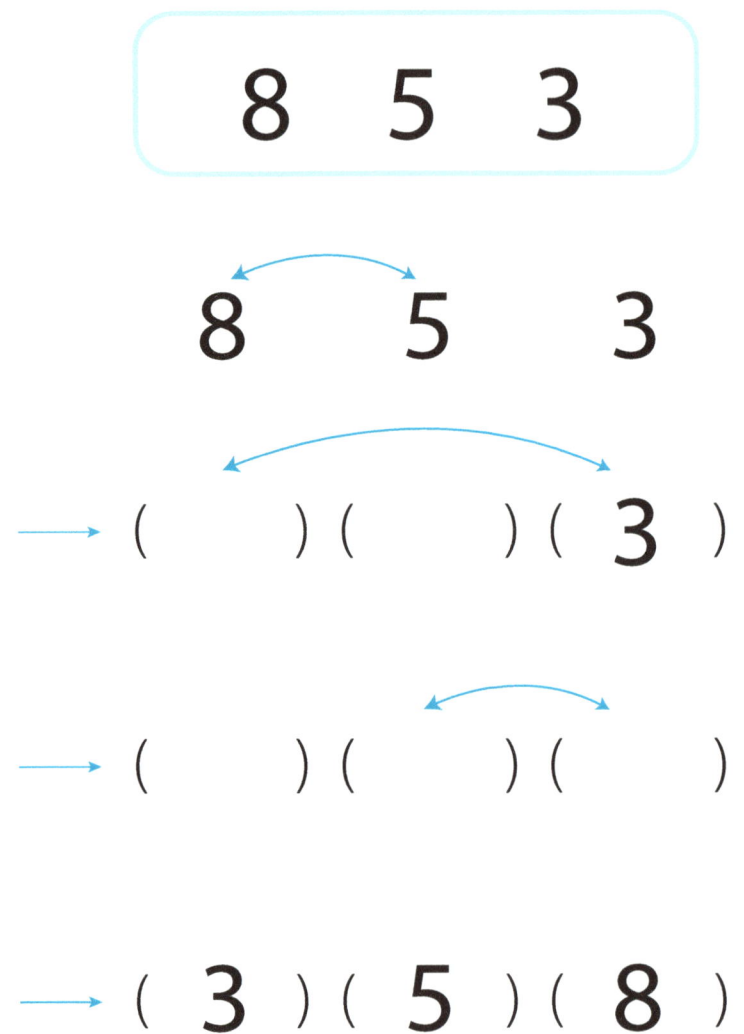

● 선택 정렬 알고리즘을 이용하여 다음의 자료를 정렬하시오.

8 6 3

8 6 3

→ (   ) (   ) (3)

→ (   ) (8) (   )

→ (   ) (   ) (   )

● 선택 정렬 알고리즘을 이용하여 다음의 자료를 정렬하시오.

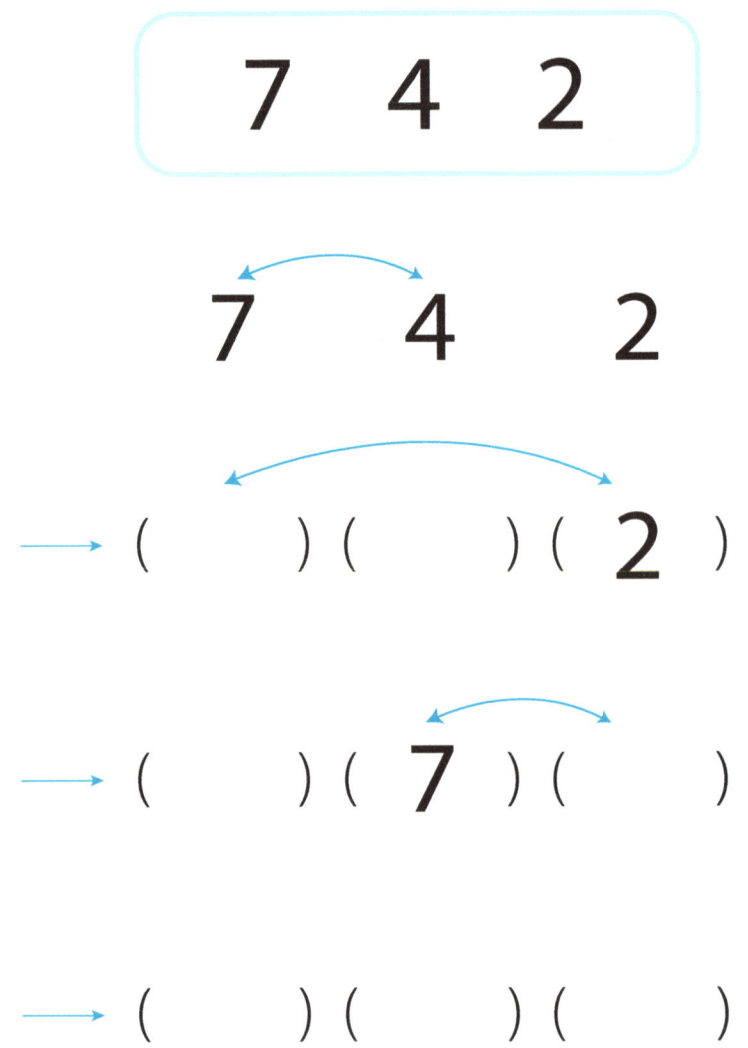

● 선택 정렬 알고리즘을 이용하여 다음의 자료를 정렬하시오.

8 6 3 5

8 6 3 5

→ (   ) (   ) (3) (5)

→ (   ) (8) (   ) (5)

→ (3) (8) (6) (5)

→ (3) (   ) (   ) (5)

→ (3) (   ) (   ) (   )

→ (   ) (   ) (   ) (   )

● 선택 정렬 알고리즘을 이용하여 다음의 자료를 정렬하시오.

8 7 6 2

8 7 6 2

→ (   ) (   ) (6) (2)

→ (   ) (8) (   ) (2)

→ (2) (8) (7) (6)

→ (2) (   ) (   ) (6)

→ (2) (   ) (   ) (   )

→ (   ) (   ) (   ) (   )

● 선택 정렬 알고리즘을 이용하여 다음의 자료를 정렬하시오.

8 5 7 1

8 5 7 1

→ (　) (　) (7) (1)

→ (　) (8) (　) (1)

→ (1) (　) (　) (5)

→ (1) (　) (　) (5)

→ (1) (5) (　) (　)

→ (　) (　) (　) (　)

● 선택 정렬 알고리즘을 이용하여 다음의 자료를 정렬하시오.

8 6 5 1

8　6　5　1

→ (　) (8) (　) (1)

→ (　) (8) (　) (1)

→ (1) (　) (　) (5)

→ (1) (　) (　) (5)

→ (1) (5) (　) (　)

→ (1) (5) (　) (　)

12

● 선택 정렬 알고리즘을 이용하여 다음의 자료를 정렬하시오.

7 5 4 3

7 5 4 3

→ ( ) (7) ( ) (3)

→ ( ) (7) ( ) (3)

→ (3) (7) ( ) (4)

→ (3) ( ) (7) (4)

→ (3) ( ) ( ) ( )

→ (3) ( ) ( ) ( )

● 선택 정렬 알고리즘을 이용하여 다음의 자료를 정렬하시오.

8 7 5 2 1

8 7 5 2 1

→ (　) (8) (　) (2) (1)

→ (　) (8) (　) (2) (1)

→ (　) (8) (7) (　) (1)

→ (　) (8) (7) (5) (　)

→ (1) (   ) (   ) (5) (2)

→ (1) (   ) (8) (   ) (2)

→ (1) (   ) (8) (7) (   )

→ (1) (2) (   ) (   ) (5)

→ (1) (2) (   ) (8) (   )

→ (1) (2) (5) (7) (8)

아주 쉬운 코딩 놀이수학

해답

4쪽

5 3   4 1
(3)(5)   (1)(4)

5쪽

5 2 1
(2)(5)(1)
(1)(5)(2)
(1)(2)(5)

6쪽

8 5 3
(5)(8)(3)
(3)(8)(5)
(3)(5)(8)

7쪽

8 6 3
(6)(8)(3)
(3)(8)(6)
(3)(6)(8)

8쪽

7 4 2
(4)(7)(2)
(2)(7)(4)
(2)(4)(7)

9쪽

8 6 3 5
(6)(8)(3)(5)
(3)(8)(6)(5)
(3)(8)(6)(5)
(3)(6)(8)(5)
(3)(5)(8)(6)
(3)(5)(6)(8)

10쪽

8 7 6 2
(7)(8)(6)(2)
(6)(8)(7)(2)
(2)(8)(7)(6)
(2)(7)(8)(6)
(2)(6)(8)(7)
(2)(6)(7)(8)

11쪽

8 5 7 1
(5)(8)(7)(1)
(5)(8)(7)(1)
(1)(8)(7)(5)
(1)(7)(8)(5)
(1)(5)(8)(7)
(1)(5)(7)(8)

12쪽

8 6 5 1
(6)(8)(5)(1)
(5)(8)(6)(1)
(1)(8)(6)(5)
(1)(6)(8)(5)
(1)(5)(8)(6)
(1)(5)(6)(8)

13쪽

7 5 4 3
(5)(7)(4)(3)
(4)(7)(5)(3)
(3)(7)(5)(4)
(3)(5)(7)(4)
(3)(4)(7)(5)
(3)(4)(5)(7)

14~ 15쪽

8 7 5 2 1
(7)(8)(5)(2)(1)
(5)(8)(7)(2)(1)
(2)(8)(7)(5)(1)
(1)(8)(7)(5)(2)
(1)(7)(8)(5)(2)
(1)(5)(8)(7)(2)
(1)(2)(8)(7)(5)
(1)(2)(7)(8)(5)
(1)(2)(5)(8)(7)
(1)(2)(5)(7)(8)

처음 시작하는 언플러그드 코딩놀이

아주 쉬운 코딩 놀이수학

퀵 정렬

5 7 3 2

(　)(2)(5)(　)
(　)(3)(5)(7)

4 7 1 8

(　)(　)(9)(　)

● 다음의 자료를 작은수부터 정렬하는 방법을 알아보시오.

1. 임의의 수(6)를 기준으로 6보다 작은 수는 왼쪽, 큰 수는 오른쪽으로 정렬합니다. 수를 적을 때에는 먼저 있는 순서대로 써야 합니다.

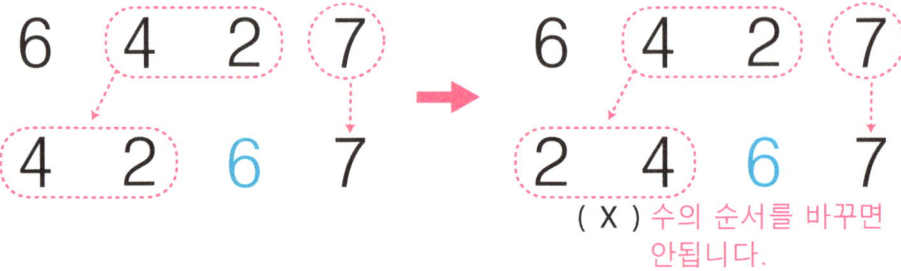

2. 다음에는 4와 2 중에서 4를 기준으로 하면 2는 4보다 작은 수이므로 4의 왼쪽으로 이동합니다.

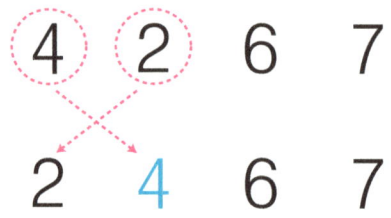

2번만에 정렬하였습니다.

퀵 정렬

어떤 자료를 기준이 되는 수를 정하여 그 수보다 작은 수를 왼쪽으로, 큰 수를 오른쪽으로 정렬하고 다시 남아 있는 수에 대해 반복하여 정렬해 나가는 것을 퀵정렬이라고 합니다.

● 퀵 정렬을 사용하여 파란색 숫자를 기준으로 다음의 자료를 작은 수부터 정렬하시오.

2 6 5

(2)(5)(6)

4 3 7

(3)(4)(7)

● 퀵 정렬을 사용하여 파란색 숫자를 기준으로 다음의 자료를 작은 수부터 정렬하시오.

5　7　3　2

(　)(　2　)(　5　)(　　)

(　)(　3　)(　5　)(　7　)

7　8　1　2

(　)(　　)(　7　)(　　)

● 퀵 정렬을 사용하여 파란색 숫자를 기준으로 다음의 자료를 작은 수부터 정렬하시오.

| 6 | 8 | 5 | 4 | 2 |

(4) (   ) (5) (   ) (   )

(   ) (4) (5) (   ) (   )

| 4 | 7 | 8 | 6 | 5 |

(4) (5) (6) (   ) (   )

- 퀵 정렬을 사용하여 파란색 숫자를 기준으로 다음의 자료를 작은 수부터 정렬하시오.

5 4 6 3 7 2

(3)( )(4)(5)( )( )

( )(3)(4)(5)( )( )

- 퀵 정렬을 사용하여 파란색 숫자를 기준으로 다음의 자료를 작은 수부터 정렬하시오.

6 3 4 1 5 2

(　　)(　　)(　　)(4)(6)(5)

(　　)(2)(　　)(4)(6)(5)

(　　)(2)(　　)(4)(5)(　　)

- 퀵 정렬을 사용하여 파란색 숫자를 기준으로 다음의 자료를 작은 수부터 정렬하시오.

6 3 4 5 7 2 8

(3)(   )(   )(5)(6)(   )(   )

(   )(3)(   )(5)(6)(7)(8)

● 퀵 정렬을 사용하여 파란색 숫자를 기준으로 다음의 자료를 작은 수부터 정렬하시오.

7 6 5 4 2 1 3

( )( )( )(4)( )( )( )

( )(2)( )(4)(7)(6)(5)

( )(2)( )(4)( )(6)( )

● 퀵 정렬을 사용하여 파란색 숫자를 기준으로 다음의 자료를 작은 수부터 정렬하시오.

6 3 8 5 2 4 7

(　)(　)(　)(5)(　)(　)(　)

(　)(3)(　)(5)(6)(8)(7)

(　)(3)(　)(5)(　)(7)(　)

- 퀵 정렬을 사용하여 파란색 숫자를 기준으로 다음의 자료를 작은 수부터 정렬하시오.

5　3　4　1　2　6　7　8

( )( )( )( )(5)( )( )( )

( )( )(3)( )(5)(6)(7)(8)

- 퀵 정렬을 사용하여 파란색 숫자를 기준으로 다음의 자료를 작은 수부터 정렬하시오.

5 1 2 3 7 4 8 6

(　) (　) (3) (4) (5) (　) (　) (　)

(1) (2) (3) (4) (5) (　) (7) (　)

● 퀵 정렬을 사용하여 파란색 숫자를 기준으로 다음의 자료를 작은 수부터 정렬하시오.

6　1　3　7　5　4　2　8

(　)(　)(　)(　)(　)(6)(　)(　)

(　)(　)(　)(4)(　)(6)(7)(8)

(　)(2)(　)(4)(5)(6)(7)(8)

- 퀵 정렬을 사용하여 파란색 숫자를 기준으로 다음의 자료를 작은 수부터 정렬하시오.

7 4 3 1 6 8 5 2

( )( )( )( )(5)( )( )( )

( )( )(3)( )(5)(7)(6)(8)

(1)(2)(3)(4)(5)( )(7)( )

● 퀵 정렬을 사용하여 파란색 숫자를 기준으로 다음의 자료를 작은 수부터 정렬하시오.

6 7 3 2 4 8 1 5

( )( )( )( )(5)( )( )( )

( )( )(3)( )(5)(6)(7)(8)

( )(2)( )(4)(5)(6)(7)(8)

해답

3쪽
(2)(5)(6)

(3)(4)(7)

4쪽
(3)(2)(5)(7)
(2)(3)(5)(7)
(1)(2)(7)(8)

5쪽
(4)(2)(5)(6)(8)
(2)(4)(5)(6)(8)
(4)(5)(6)(7)(8)

6쪽
(3)(2)(4)(5)(6)(7)
(2)(3)(4)(5)(6)(7)

7쪽
(3)(1)(2)(4)(6)(5)
(1)(2)(3)(4)(6)(5)
(1)(2)(3)(4)(5)(6)

8쪽
(3)(4)(2)(5)(6)(7)(8)
(2)(3)(4)(5)(6)(7)(8)

9쪽
(2)(1)(3)(4)(7)(6)(5)
(1)(2)(3)(4)(7)(6)(5)
(1)(2)(3)(4)(5)(6)(7)

10쪽
(3)(2)(4)(5)(6)(8)(7)
(2)(3)(4)(5)(6)(8)(7)
(2)(3)(4)(5)(6)(7)(8)

11쪽
(3)(4)(1)(2)(5)(6)(7)(8)
(1)(2)(3)(4)(5)(6)(7)(8)

12쪽
(1)(2)(3)(4)(5)(7)(8)(6)
(1)(2)(3)(4)(5)(6)(7)(8)

13쪽
(1)(3)(5)(4)(2)(6)(7)(8)
(1)(3)(2)(4)(5)(6)(7)(8)
(1)(2)(3)(4)(5)(6)(7)(8)

14쪽
(4)(3)(1)(2)(5)(7)(6)(8)
(1)(2)(3)(4)(5)(7)(6)(8)
(1)(2)(3)(4)(5)(6)(7)(8)

15쪽
(3)(2)(4)(1)(5)(6)(7)(8)
(2)(1)(3)(4)(5)(6)(7)(8)
(1)(2)(3)(4)(5)(6)(7)(8)

처음 시작하는 언플러그드 코딩놀이

아주 쉬운 코딩 놀이수학

신호 만들기

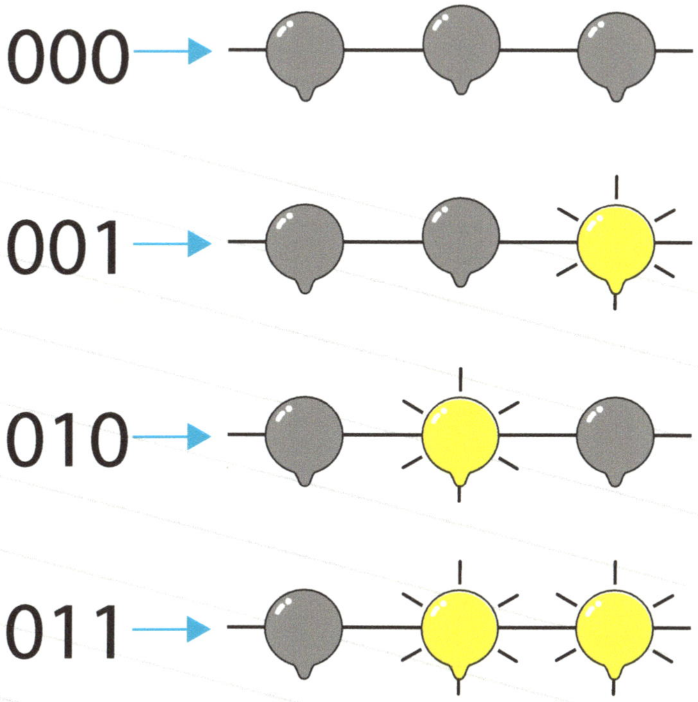

● 컴퓨터는 이진법(0과1)을 사용합니다. 0이면 전구에 불이 꺼지고 1이면 전구에 불이 켜지는 신호 규칙을 만들 수 있습니다.

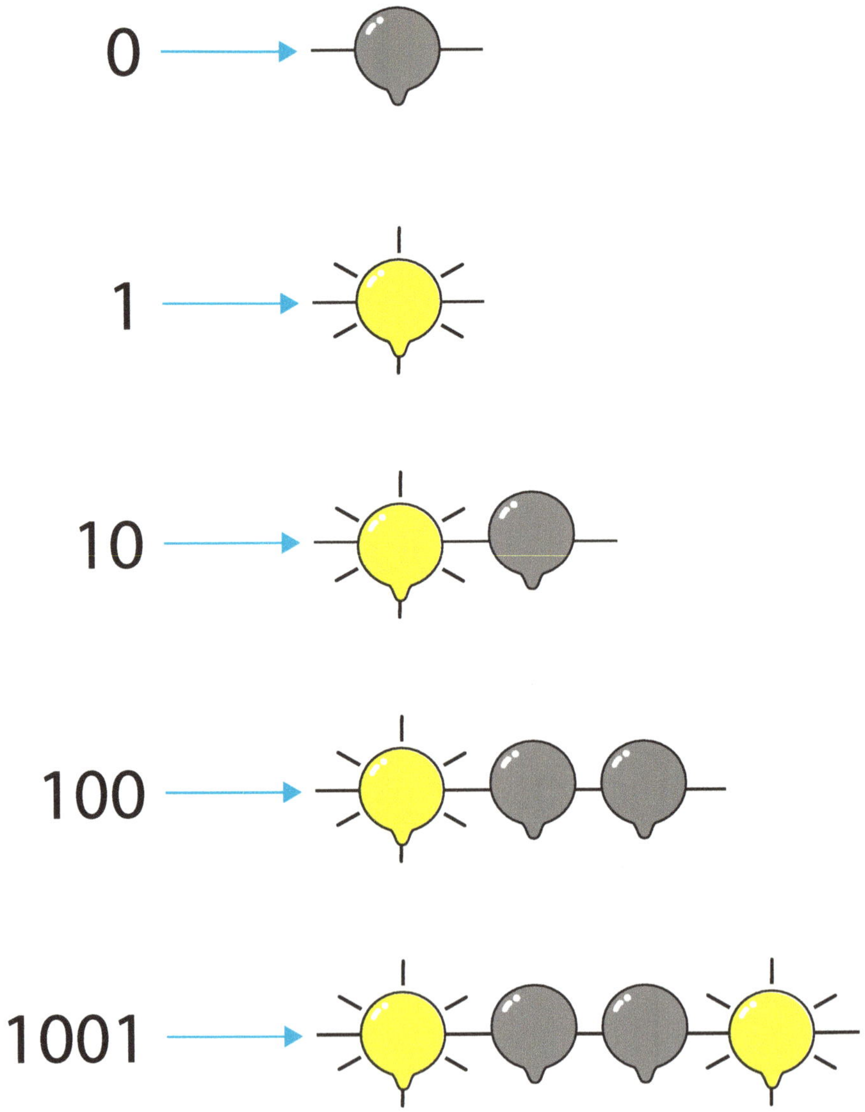

0 → ●

1 → ☀

10 → ☀ ●

100 → ☀ ● ●

1001 → ☀ ● ● ☀

● 전구 1개로는 2가지의 신호를 만들 수 있습니다.

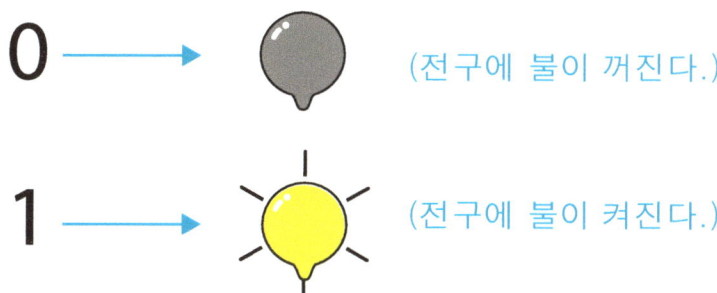

● 전구의 신호와 숫자를 알맞게 연결하시오.

● 0이면 전구에 불이 꺼지고 1이면 전구에 불이 켜지는 신호 규칙을 만들 수 있습니다. 전구 2개로는 4가지의 신호를 만들 수 있습니다.

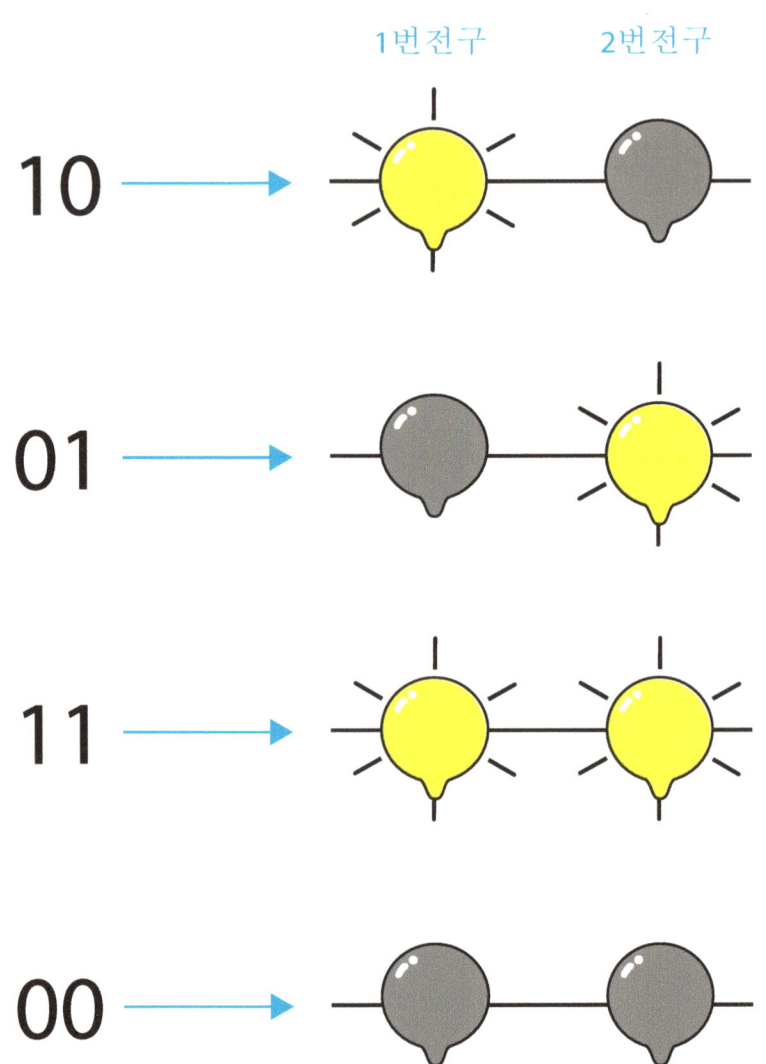

● 전구의 신호와 숫자를 알맞게 연결하시오.

01 •

10 •

00 •

11 •

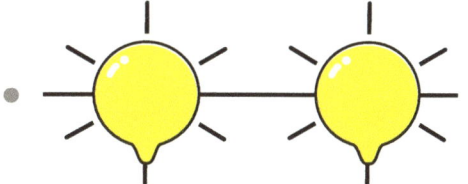

● 전구 1개로 몇 가지 신호를 만들 수 있는지 맞는 것에 ○표 하시오.

① 1 가지 (　　)

② 2 가지 (　　)

● 전구 2개로 몇 가지 신호를 만들 수 있는지 맞는 것에 ○표 하시오.

① 4 가지 (   )

② 6 가지 (   )

10 → 🟡⚫   11 → 🟡🟡

01 → ⚫🟡   00 → ⚫⚫

- 0이면 전구에 불이 꺼지고 1이면 전구에 불이 켜지는 신호 규칙을 만들 수 있습니다. 전구 3개로는 8가지의 신호를 만들 수 있습니다.

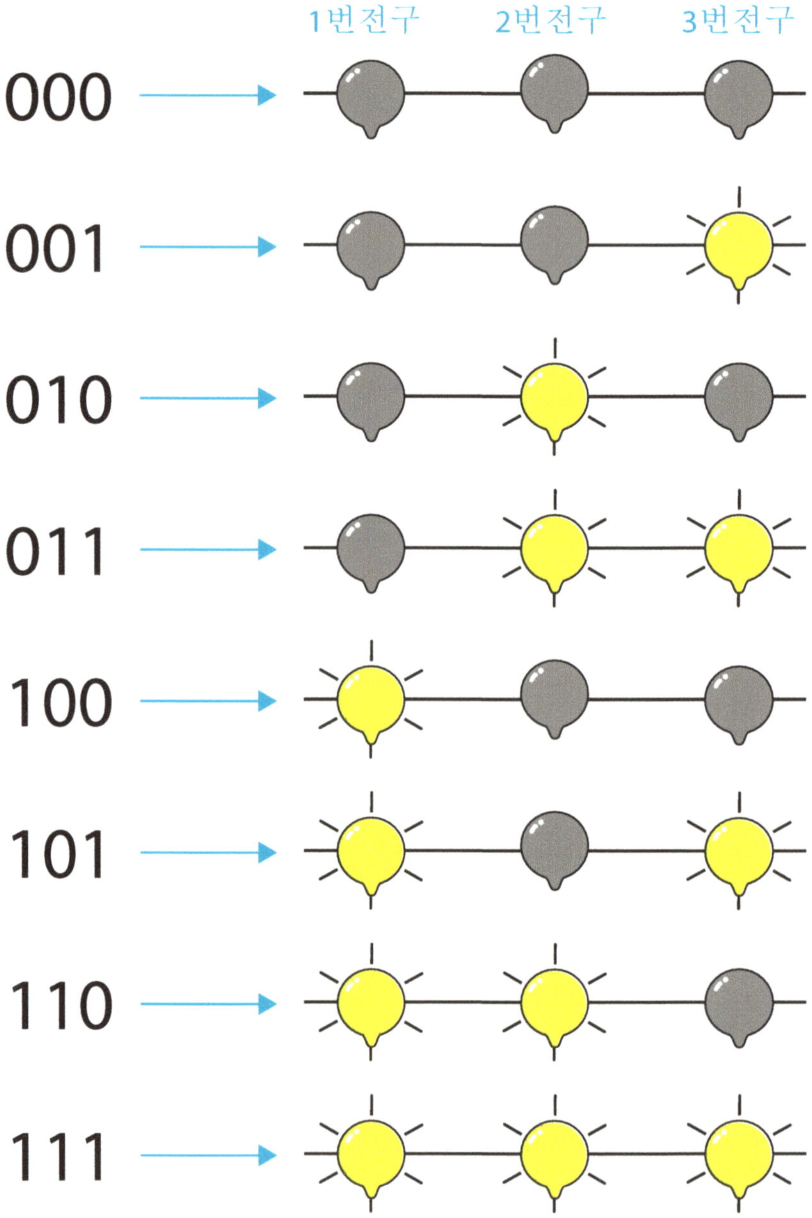

| | 1번전구 | 2번전구 | 3번전구 |

000 →   ●   ●   ●
001 →   ●   ●   ☀
010 →   ●   ☀   ●
011 →   ●   ☀   ☀
100 →   ☀   ●   ●
101 →   ☀   ●   ☀
110 →   ☀   ☀   ●
111 →   ☀   ☀   ☀

● 신호가 같은 것끼리 연결하시오.

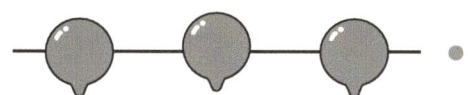
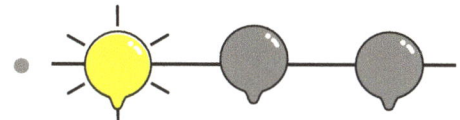

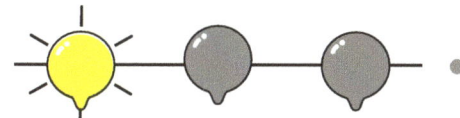
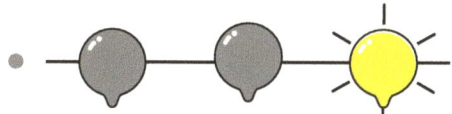

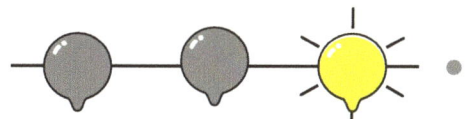

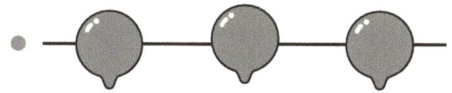

9

● 신호가 같은 것끼리 연결하시오.

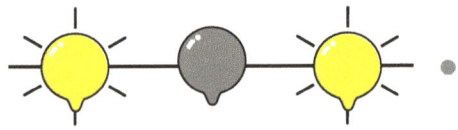 

 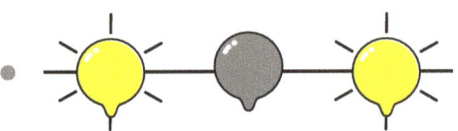

● 전구의 신호와 숫자를 알맞게 연결하시오.

100 •

011 •

001 •

● 전구의 신호와 숫자를 알맞게 연결하시오.

101 •

011 •

110 •

● 전구의 신호와 숫자를 알맞게 연결하시오.

111 •

000 •

010 •

•

● 전구 3개로 몇 가지 신호를 만들 수 있는지 맞는 것에 ○표 하시오.

① 6 가지 (   )

② 8 가지 (   )

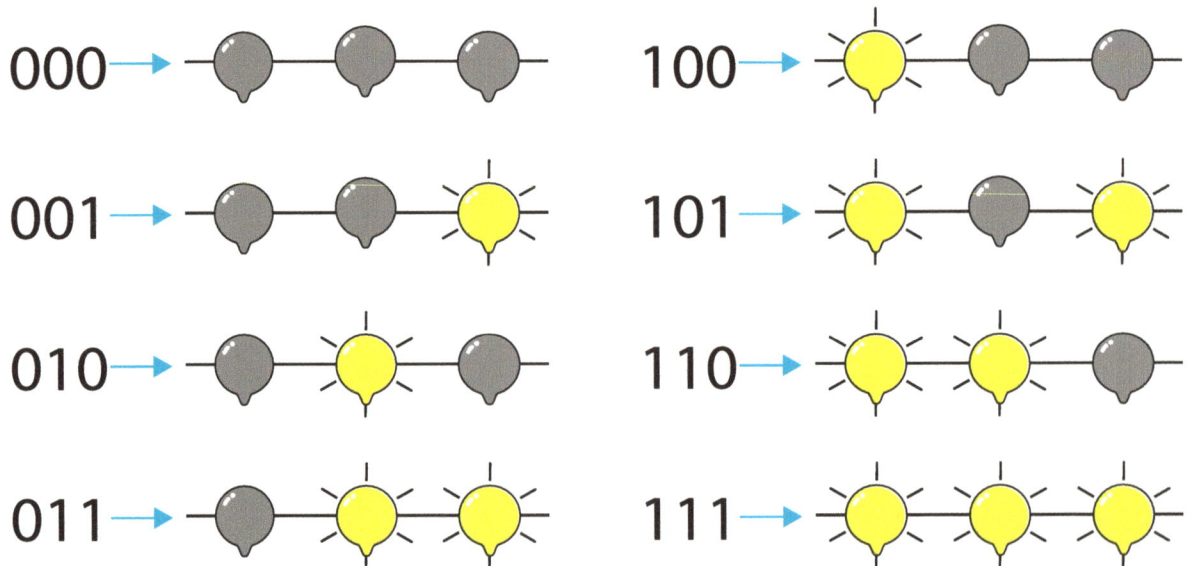

컴퓨터 회로에서 전류가 흐르는 것과 흐르지 않는 곳을 8곳으로 만들면 256 가지의 신호를 만들 수 있습니다.
즉 8개의 쌍으로 회로가 만들어진 것을 8비트라고 합니다.

● 전구 4개로 만든 16가지 신호를 알아보시오.

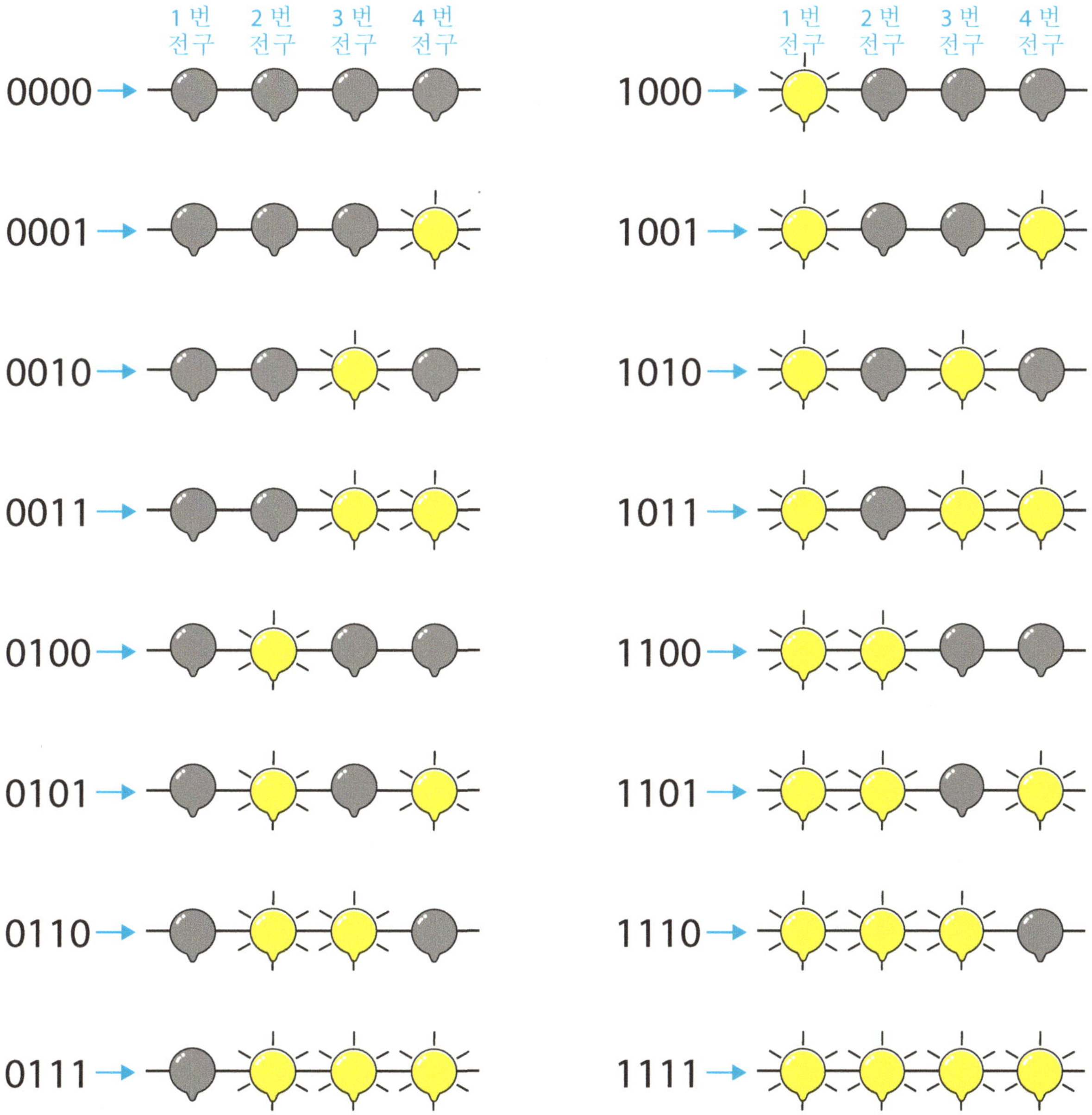

해답

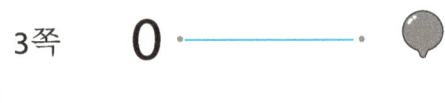

3쪽

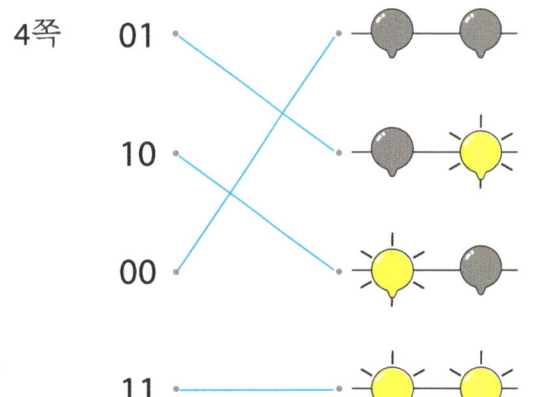

4쪽

6쪽 ② 2 가지 (○)   7쪽 ① 4 가지 (○)

9쪽

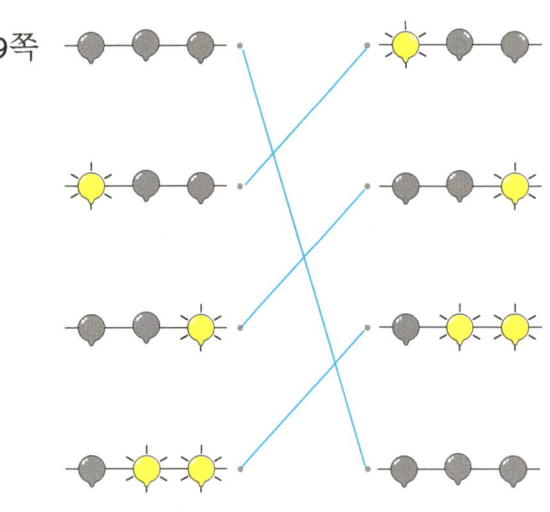

10쪽

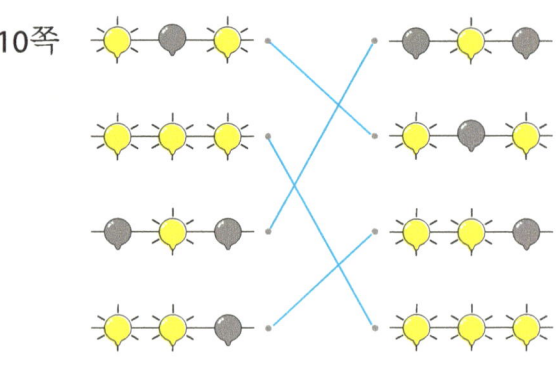

11쪽

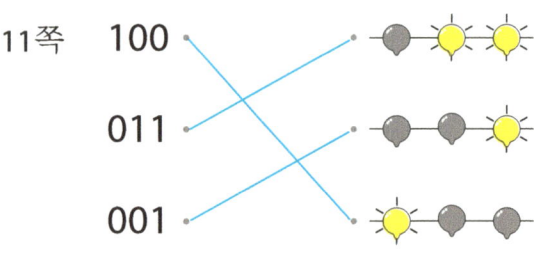

12쪽

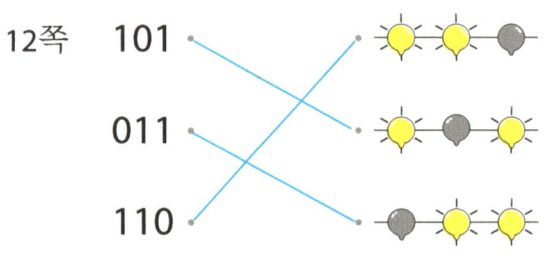

13쪽

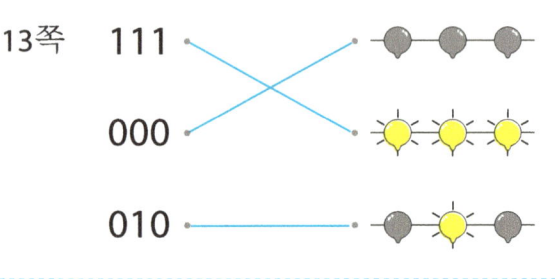

14쪽 ② 8 가지 (○)

처음 시작하는 언플러그드 코딩놀이

아주 쉬운 코딩 놀이수학

전기회로 불켜기

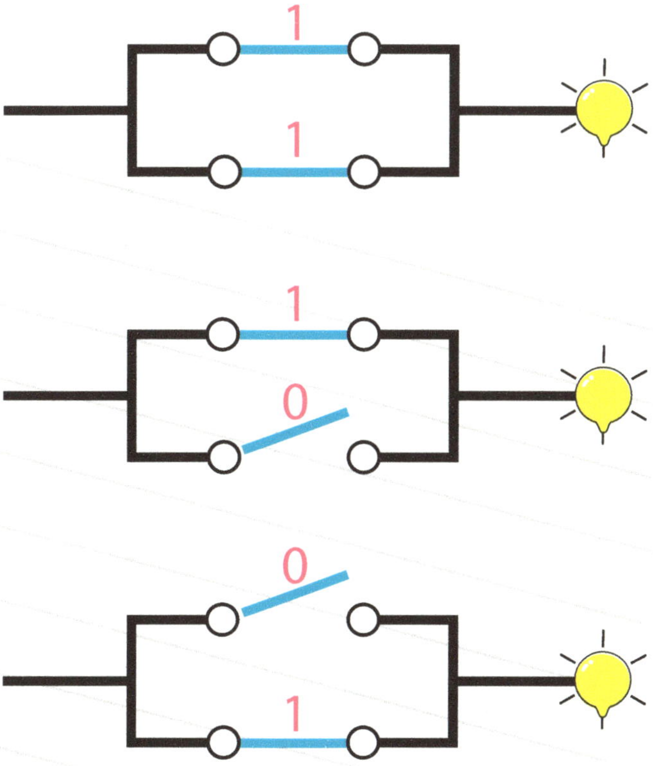

- 전류가 흐르면 1로 표현하고 전류가 흐르지 않으면 0으로 표현합니다.
  (전류가 계속 흐르면 불이 켜집니다.)

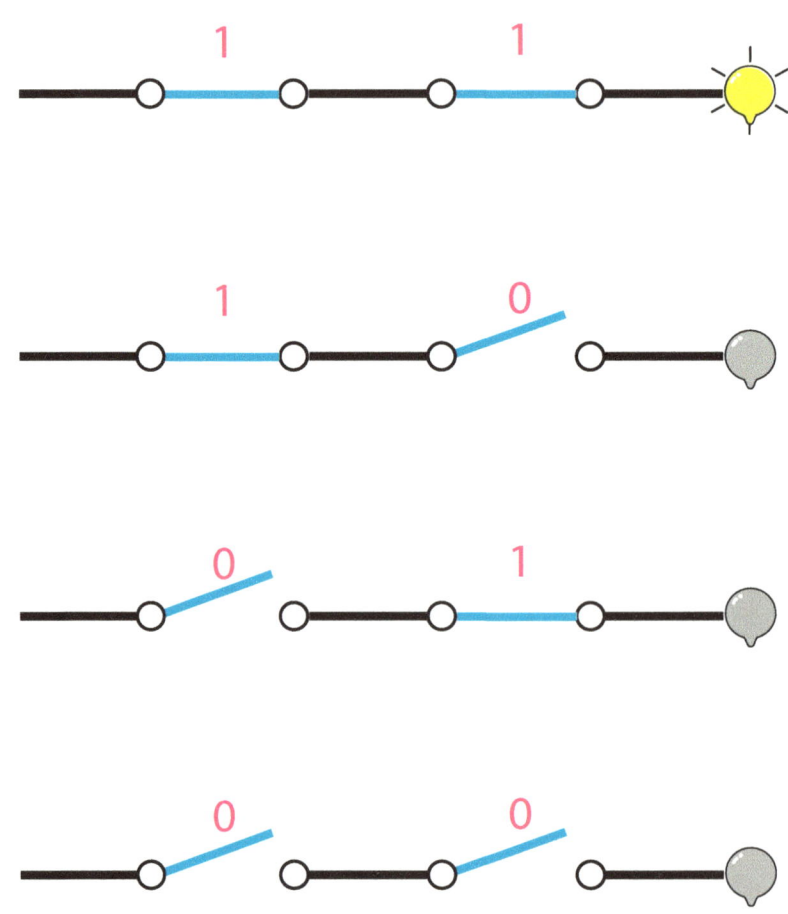

- 이러한 연결을 논리곱이라고 하며 AND로 표현합니다.
  1 AND 1=1   1 AND 0=0   0 AND 1=0   0 AND 0=0

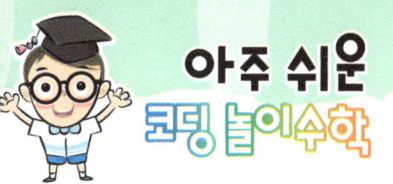

● 불이 켜지는 것에 ○표 하시오.

① ( )

② ( )

③ ( )

④ ( )

● 불이 켜지는 것에 ○표 하시오.

①   → (　　)

②   → (　　)

③   → (　　)

④   → (　　)

● 불이 켜지는 것에 ○표 하시오.

① ─○ ／○─○─○─○ ／○─ ? → (   )

② ─○ ／○─○ ／○─○ ／○─ ? → (   )

③ ─○ ／○─○─○─○─○─ ? → (   )

④ ─○─○─○─○─○─○─ ? → (   )

● 전류가 흐르면 1로 표현하고 전류가 흐르지 않으면 0으로 표현합니다.
  (전류가 계속 흐르면 불이 켜집니다.)

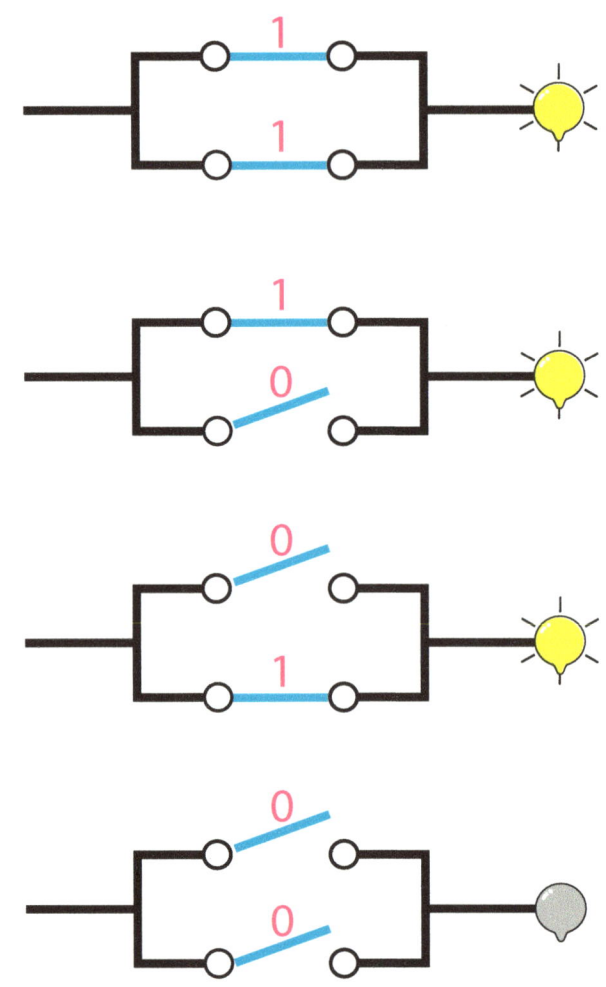

● 이러한 연결을 논리합이라고 하며 OR로 표현합니다.
  1 OR 1=1   1 OR 0=1   0 OR 1=1   0 OR 0=0

● 불이 켜지는 것에 모두 ○표 하시오.

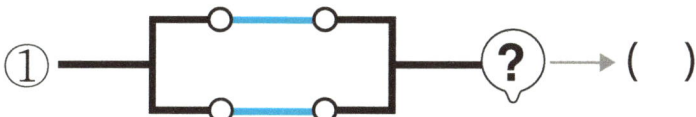

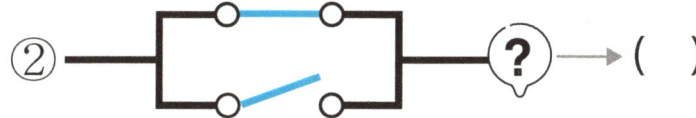

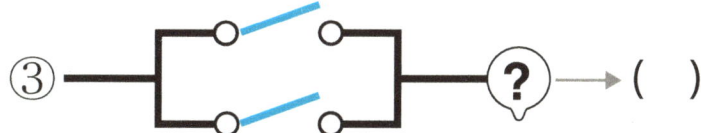

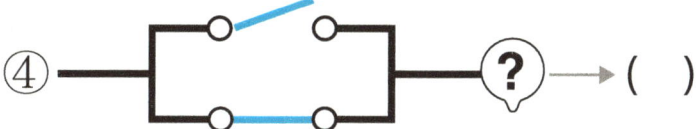

● 불이 켜지는 것에 모두 ○표 하시오.

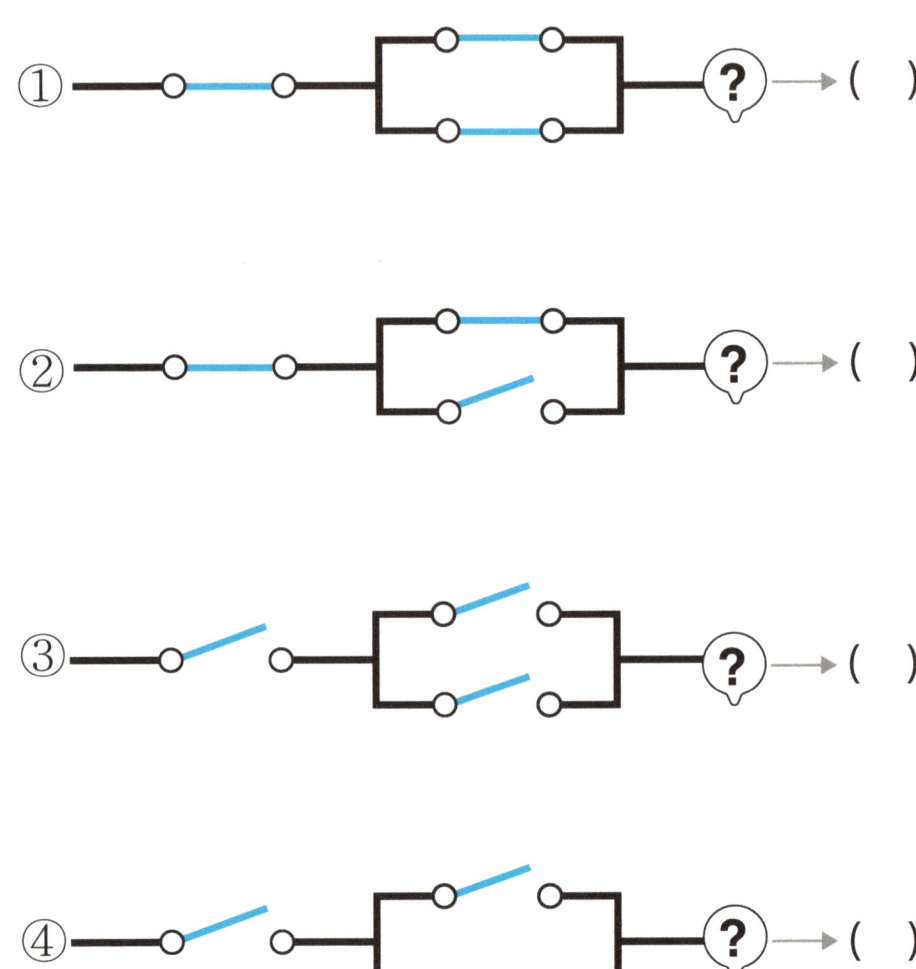

● 불이 켜지는 것에 ○표 하시오.

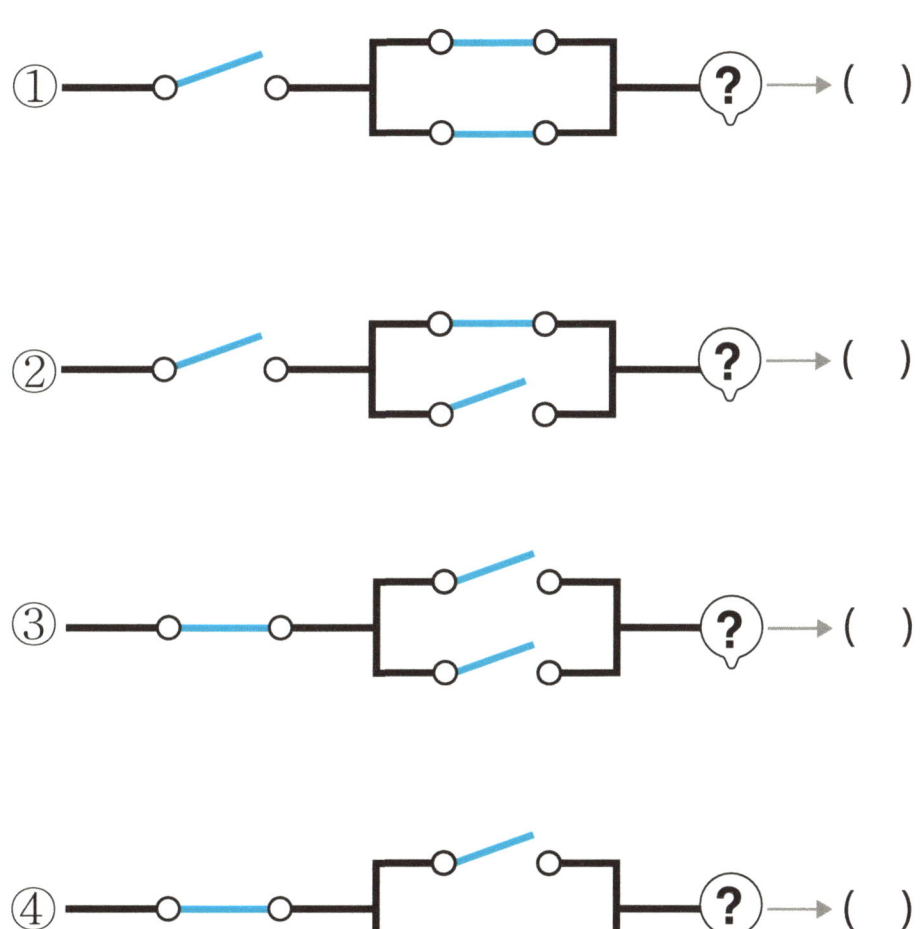

● 불이 켜지는 것에 ○표 하시오.

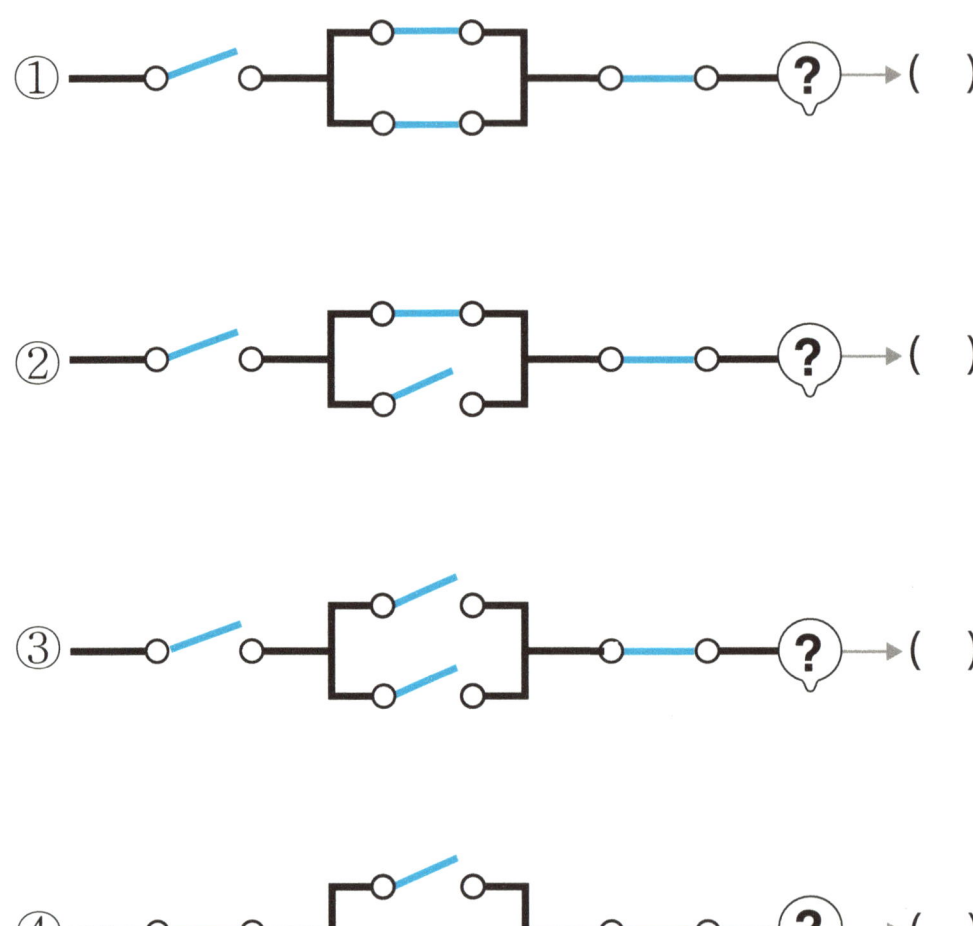

● 불이 켜지는 것에 ◯표 하시오.

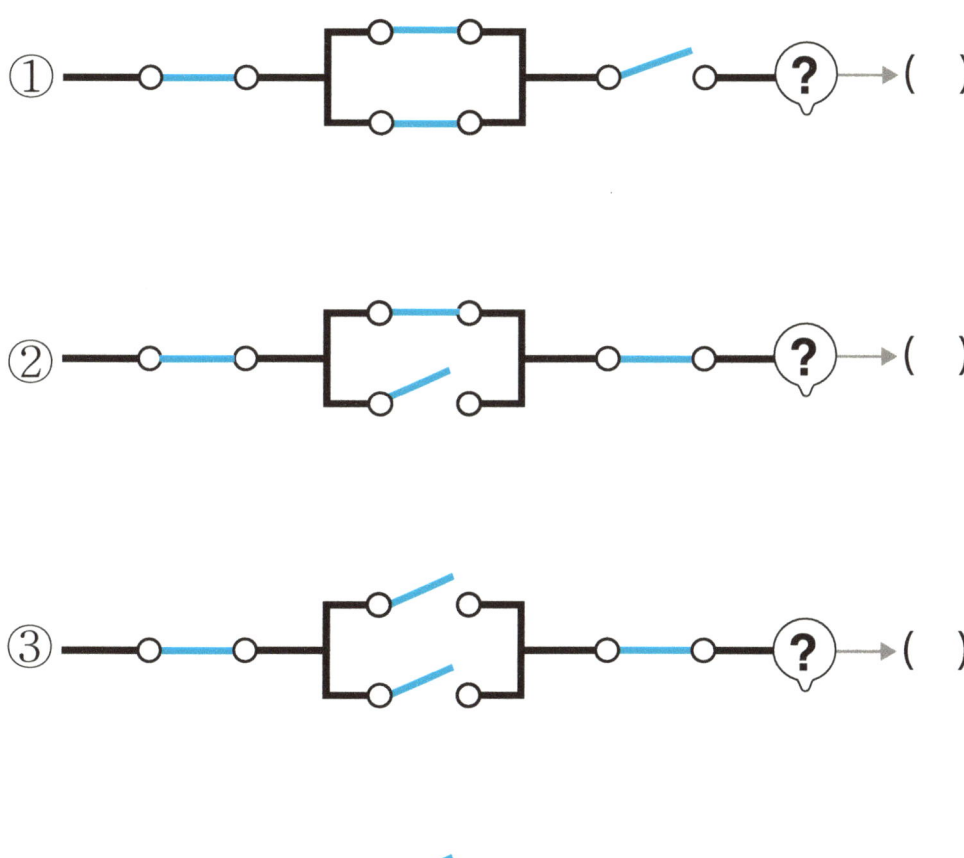

● 불이 켜지는 것에 모두 ○표 하시오.

① 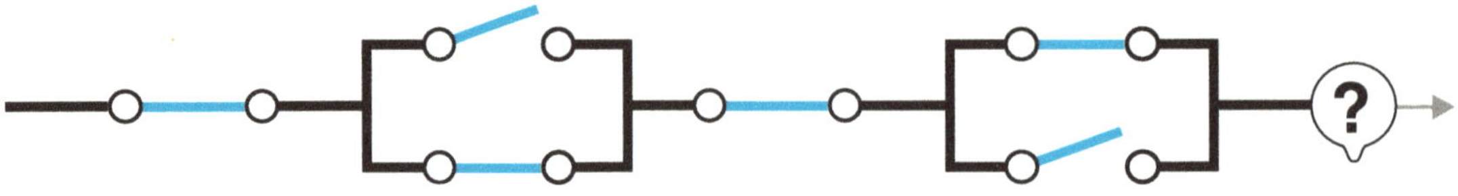 ( )

② 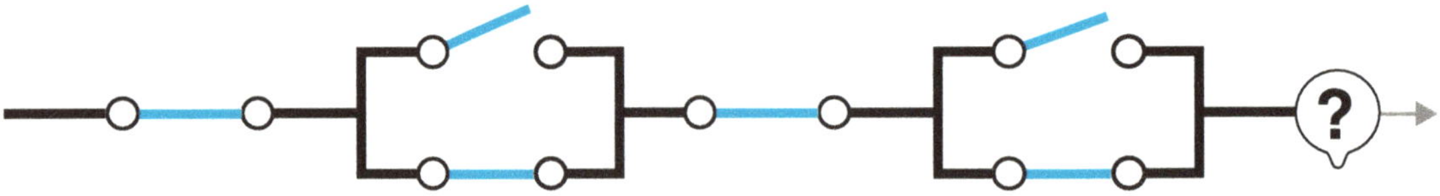 ( )

③ 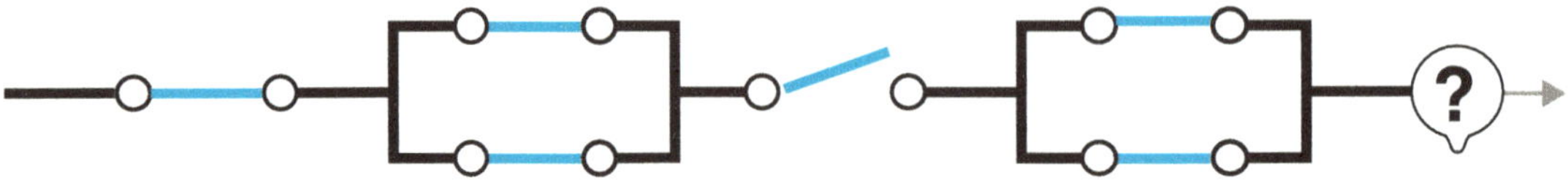 ( )

④ 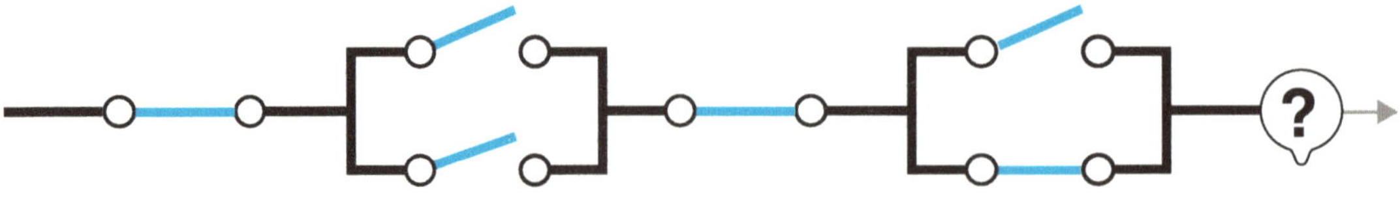 ( )

● 불이 켜지는 것에 모두 ○표 하시오.

①  ( )

② 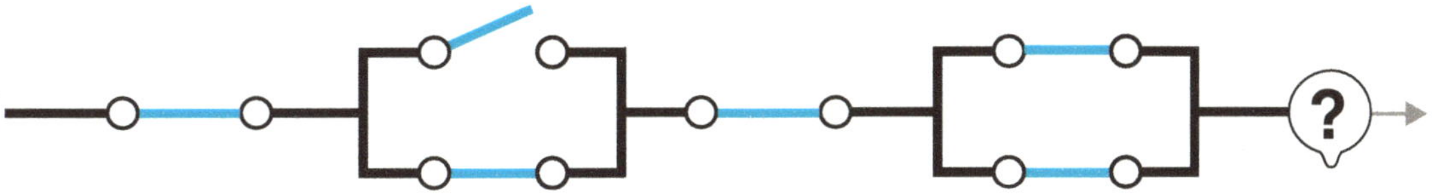 ( )

③ 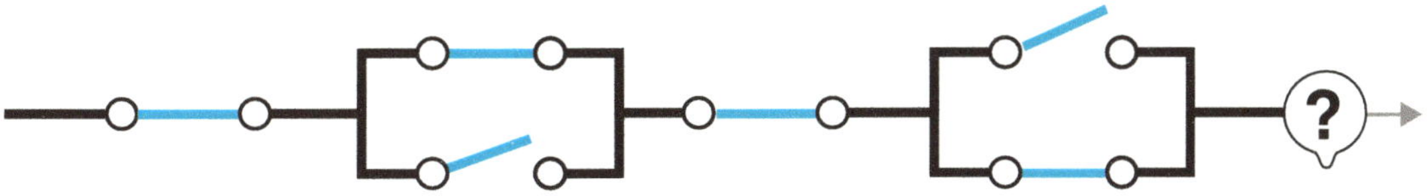 ( )

④ 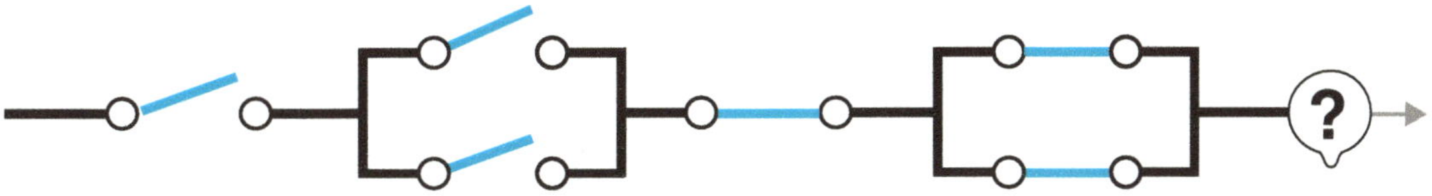 ( )

- 다음과 같이 전류가 흐르는 것은 흐르지 않게 전류가 흐르지 않는 것은 흐르게 할 수 있습니다.

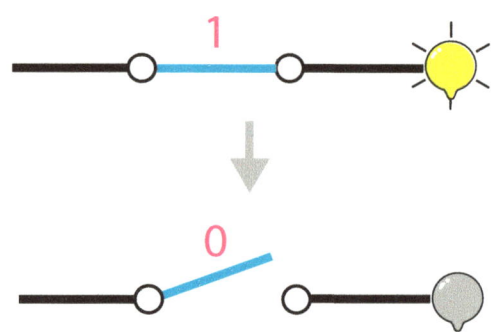

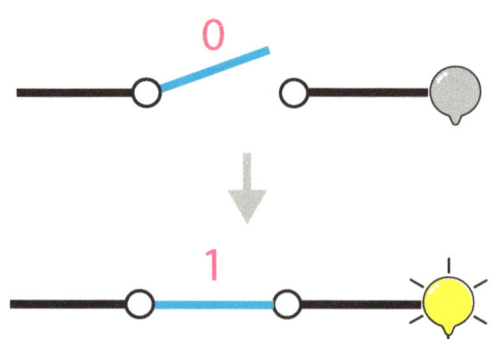

- 이러한 것을 논리부정이라고 하며 NOT로 표현합니다.
  NOT 1=0   NOT 0=1

● 전류의 흐름이 반대가 되도록 표현한 것을 찾아 연결하시오.

(1)

(2)

해답

3쪽

4쪽

5쪽

7쪽
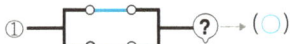

8쪽

9쪽

10쪽

11쪽

12쪽
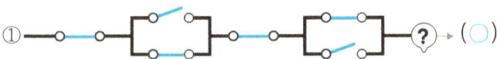

13쪽
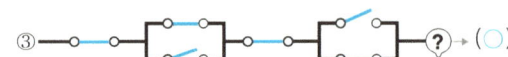

15쪽
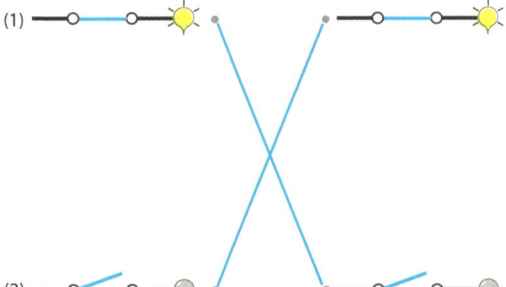

처음 시작하는 언플러그드 코딩놀이

아주 쉬운 코딩 놀이수학

가로등 불켜기

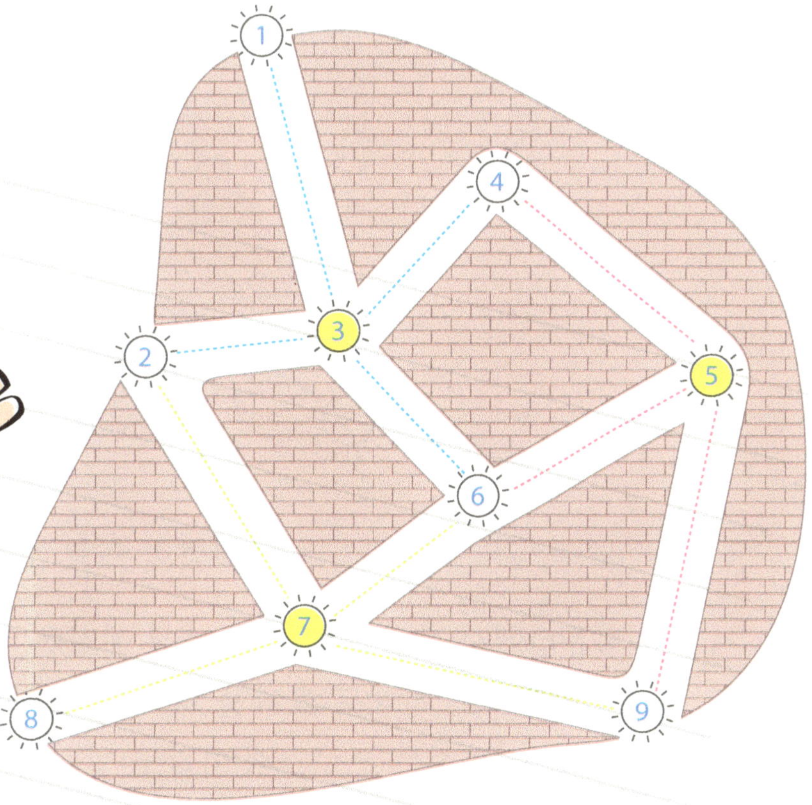

● 가장 적은 개수의 가로등을 켜서 모든 길에 불이 비치도록 하려면 몇번 가로등에 불을 켜야 하는지 알아보시오.

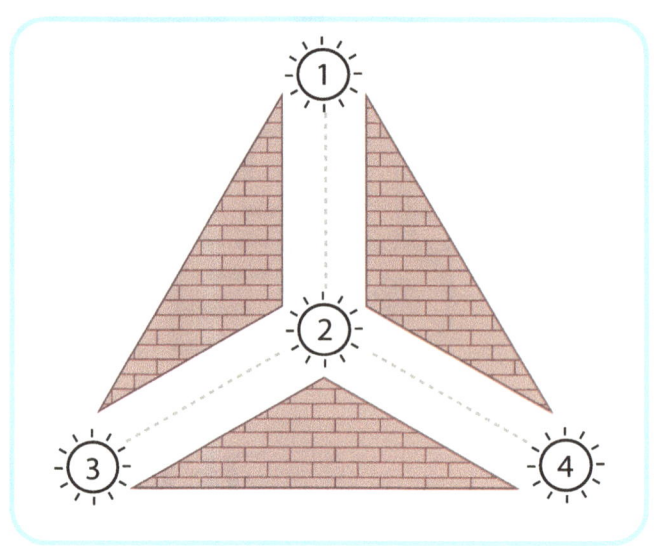

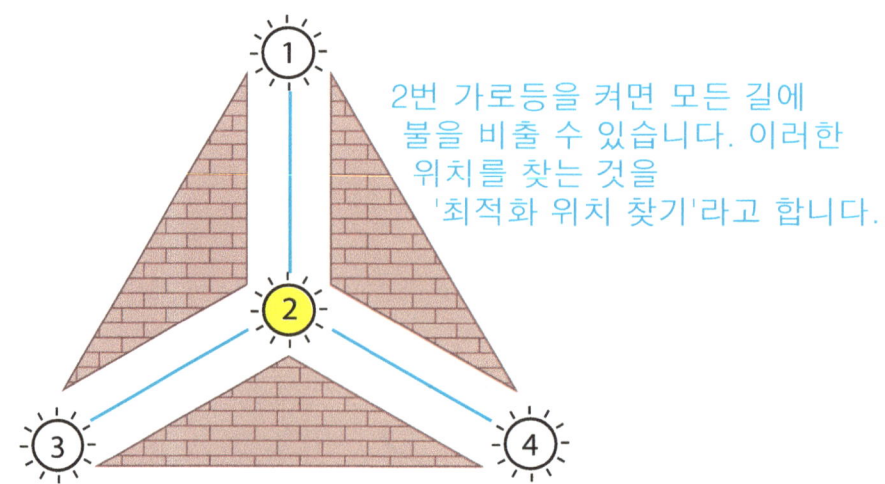

2번 가로등을 켜면 모든 길에 불을 비출 수 있습니다. 이러한 위치를 찾는 것을 '최적화 위치 찾기'라고 합니다.

최적화 프로그램

컴퓨터에서 복잡한 회로를 과제 해결을 위해 비용, 시간, 에너지 등을 최소로 하고 최대로 효과를 내도록 단순화 시켜 최적화 하도록 설계하는 것을 '최적화 프로그램'이라고 합니다.

● 모든 길에 불이 비치도록 가로등 한 개를 켜려고 합니다. 몇 번 가로등을 켜야할 지 색칠하시오.

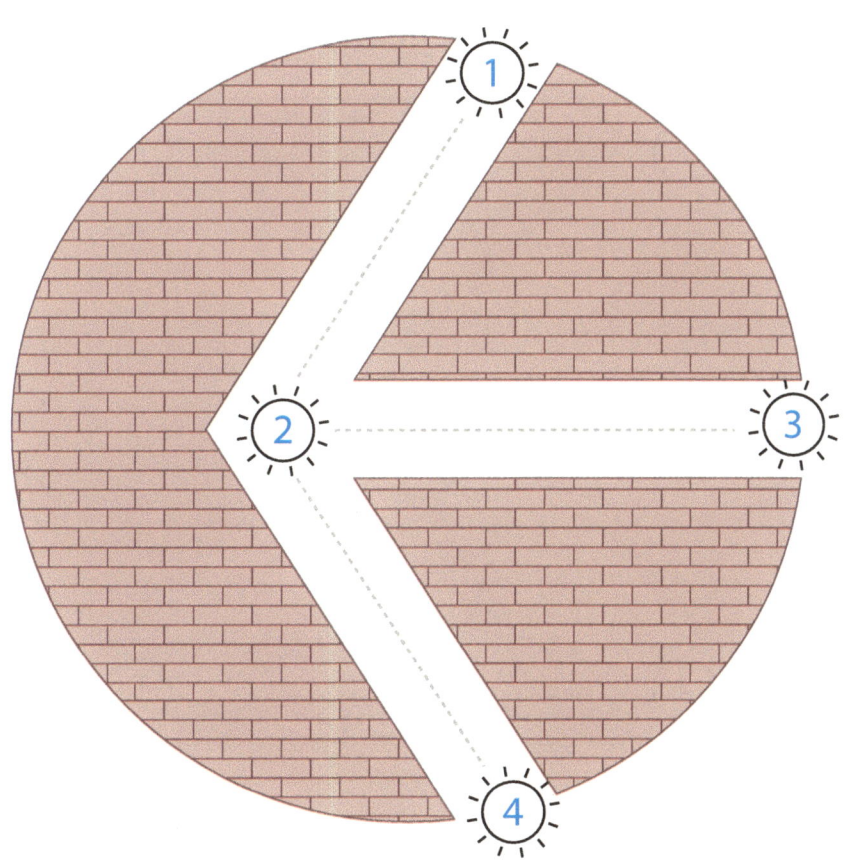

● 모든 길에 불이 비치도록 가로등 한 개를 켜려고 합니다. 몇 번 가로등을 켜야할 지 색칠하시오.

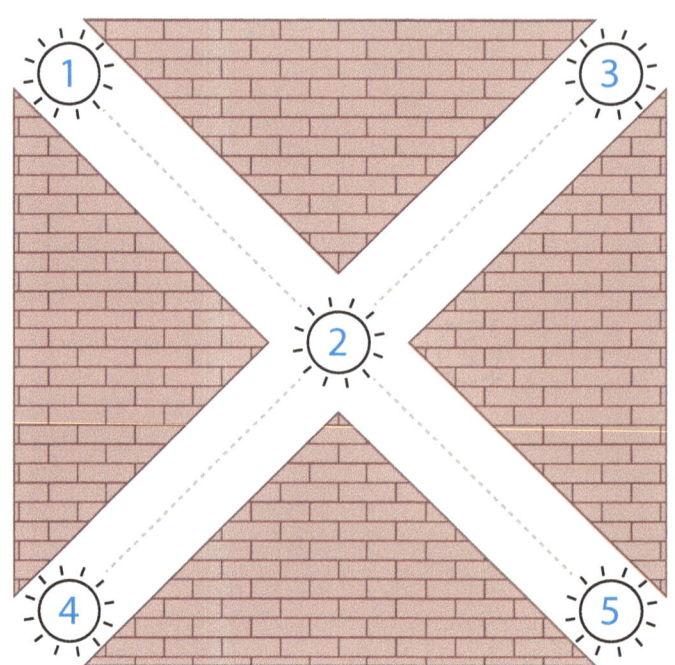

● 모든 길에 불이 비치도록 가로등 두 개를 켜려고 합니다. 몇 번 가로등을 켜야 할 지 색칠하시오.

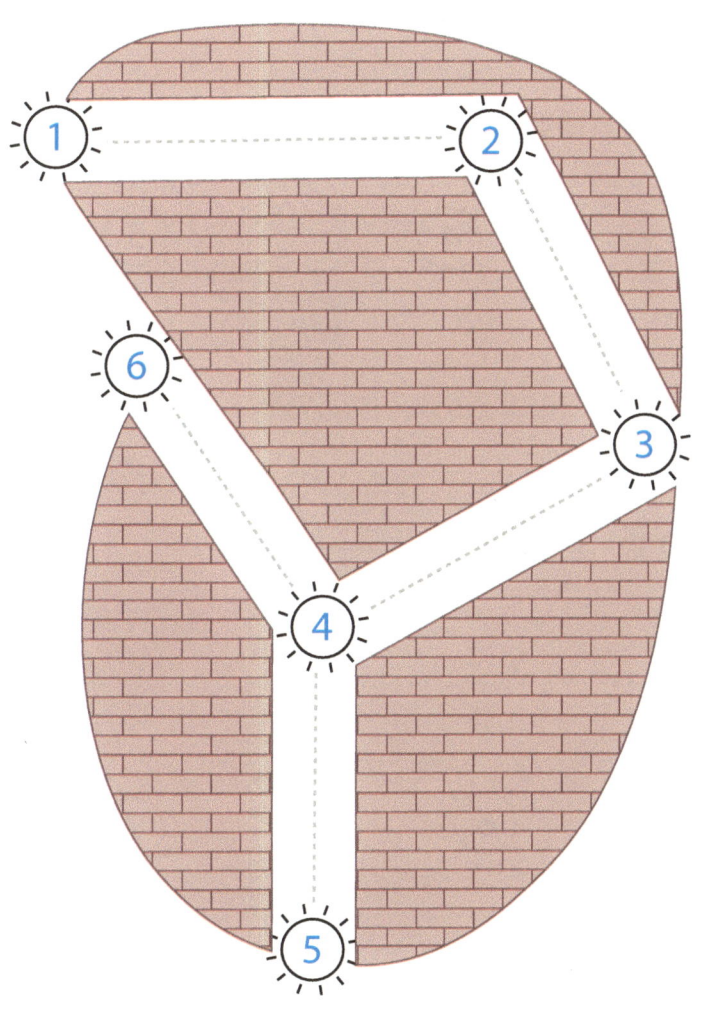

● 모든 길에 불이 비치도록 가로등 두 개를 켜려고 합니다. 몇 번 가로등을 켜야할 지 색칠하시오.

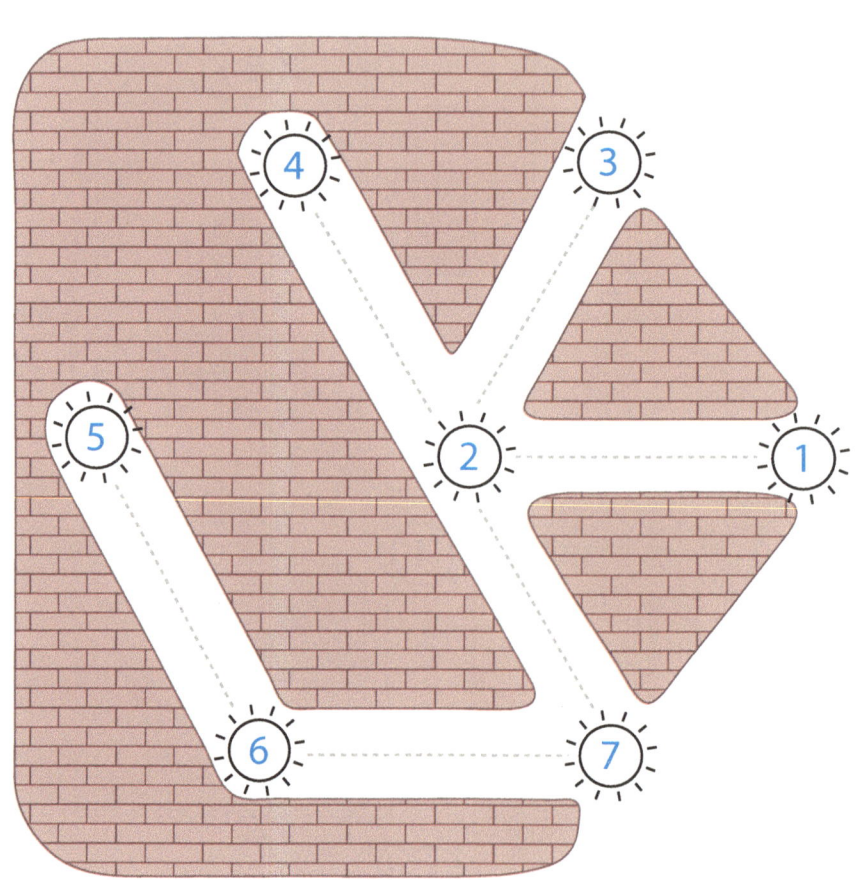

● 모든 길에 불이 비치도록 가로등 두 개를 켜려고 합니다. 몇 번 가로등을 켜야할 지 색칠하시오.

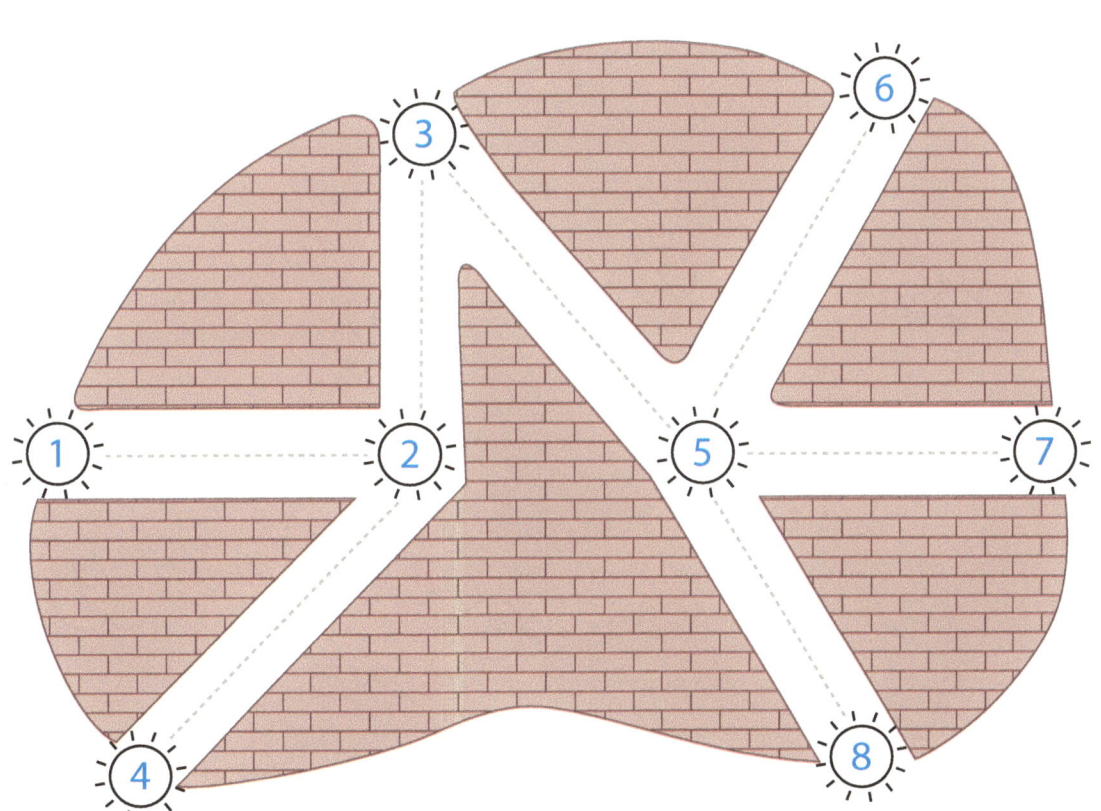

- 모든 길에 불이 비치도록 가로등 세 개를 켜려고 합니다. 몇 번 가로등을 켜야할 지 색칠하시오.

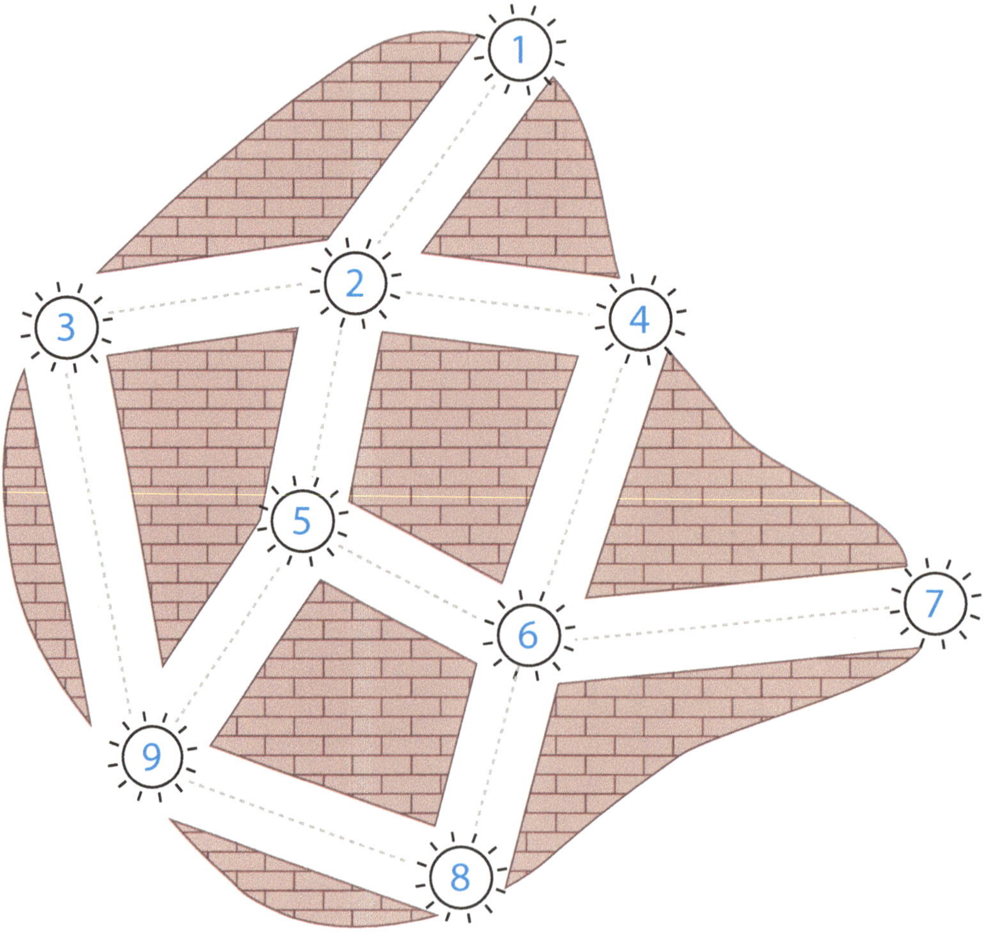

● 모든 길에 불이 비치도록 가로등 세 개를 켜려고 합니다. 몇 번 가로등을 켜야할 지 색칠하시오.

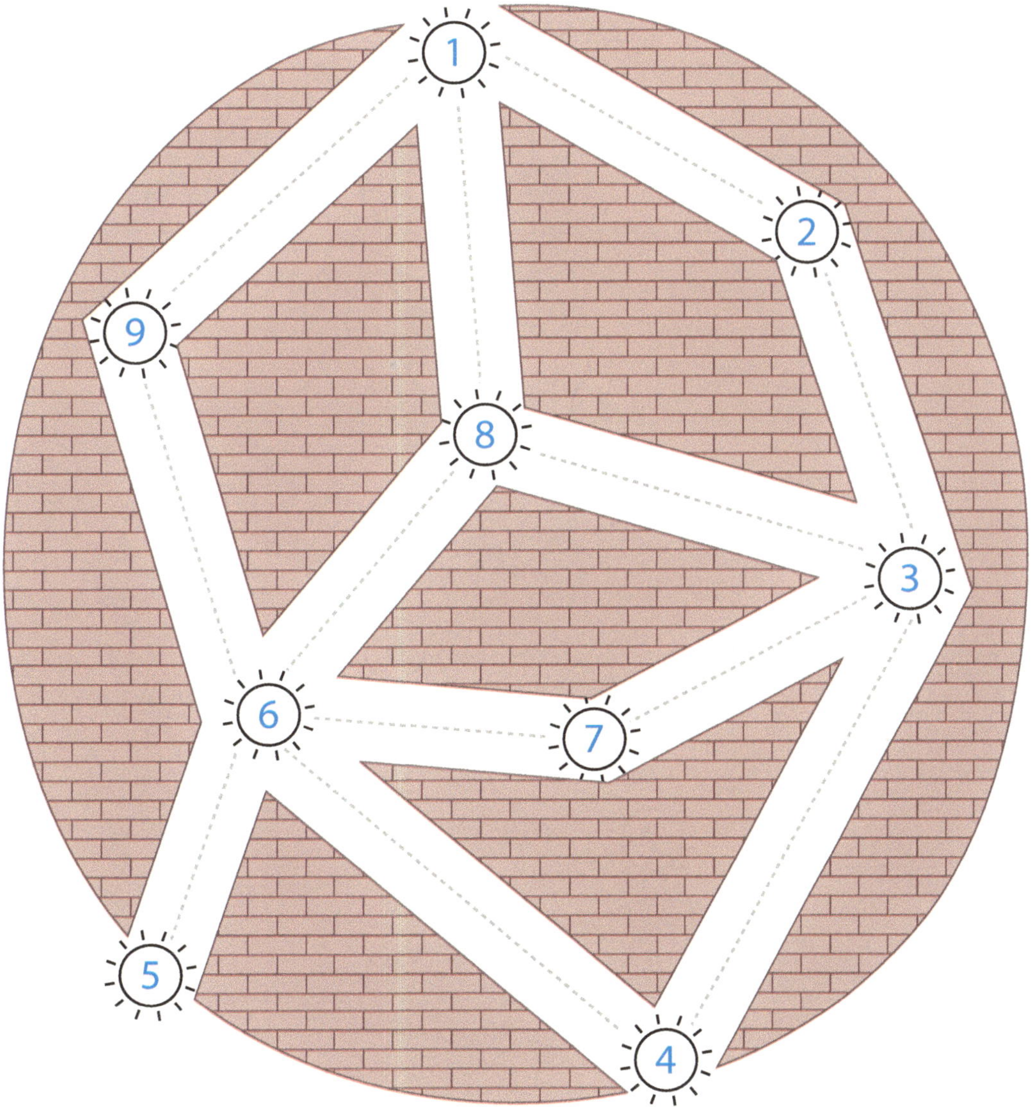

● 모든 길에 불이 비치도록 가로등 세 개를 켜려고 합니다. 몇 번 가로등을 켜야할 지 색칠하시오.

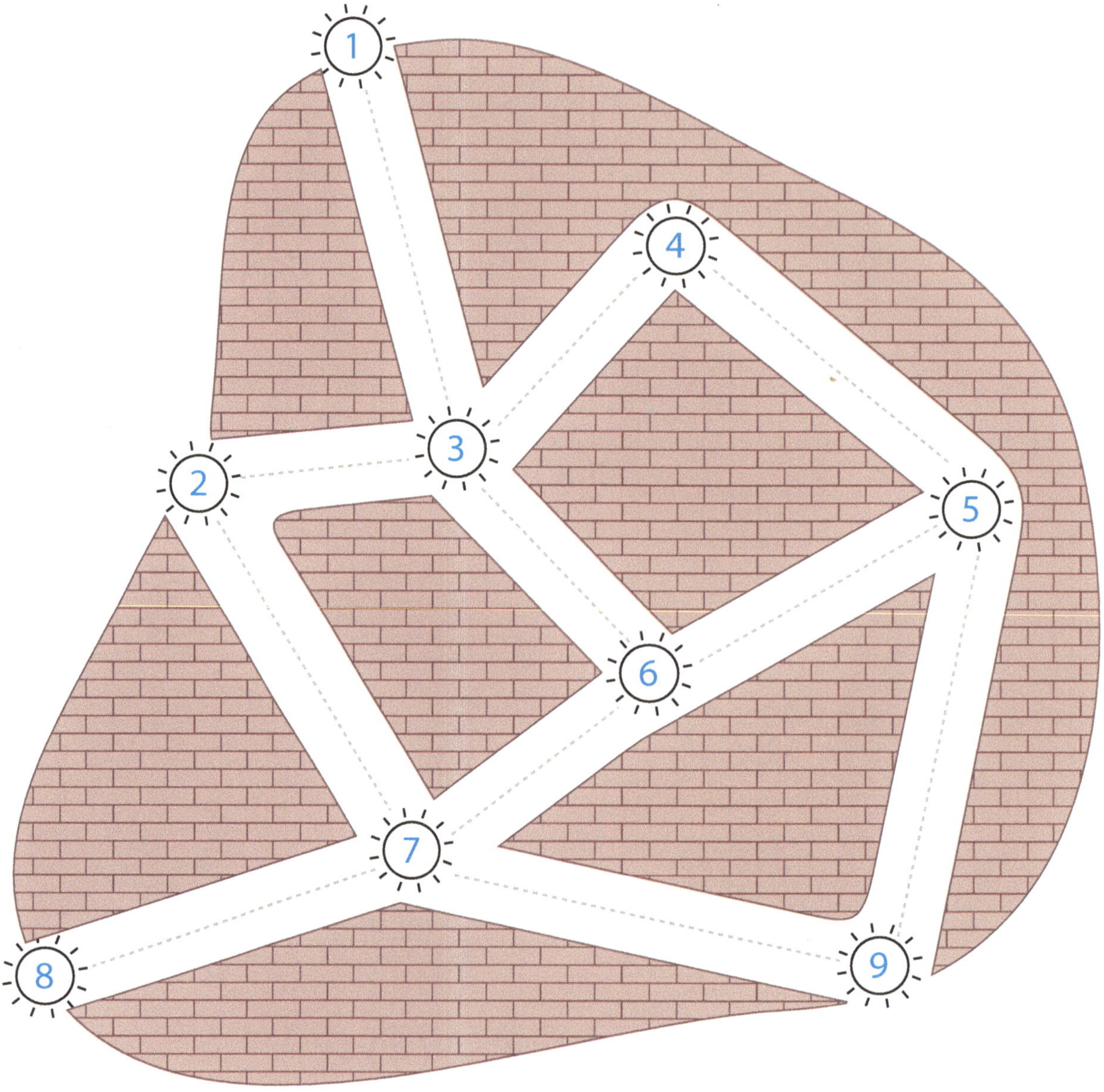

● 모든 길에 불이 비치도록 가로등 세 개를 켜려고 합니다. 몇 번 가로등을 켜야할 지 색칠하시오.

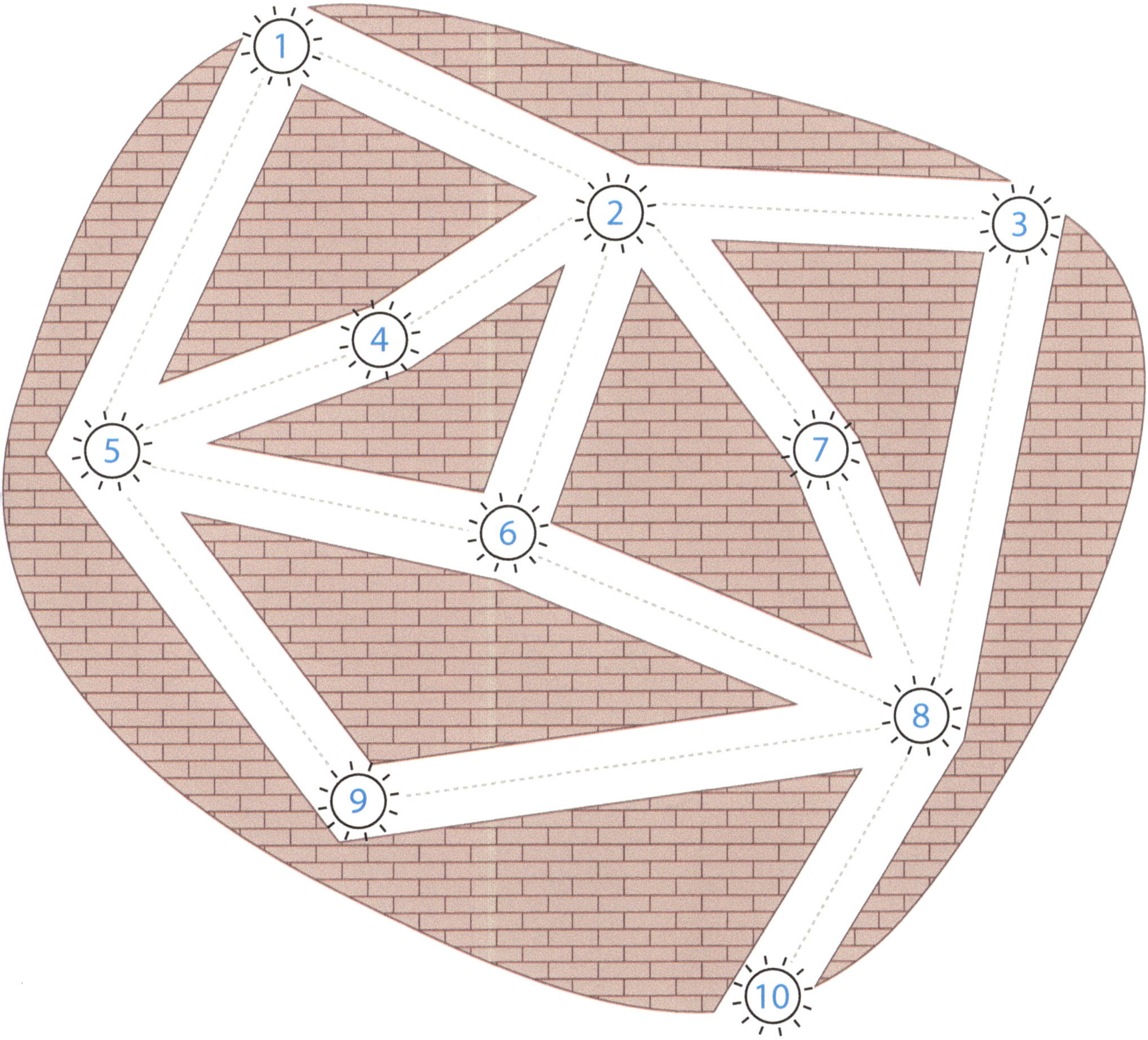

● 모든 길에 불이 비치도록 가로등 세 개를 켜려고 합니다. 몇 번 가로등을 켜야할 지 색칠하시오.

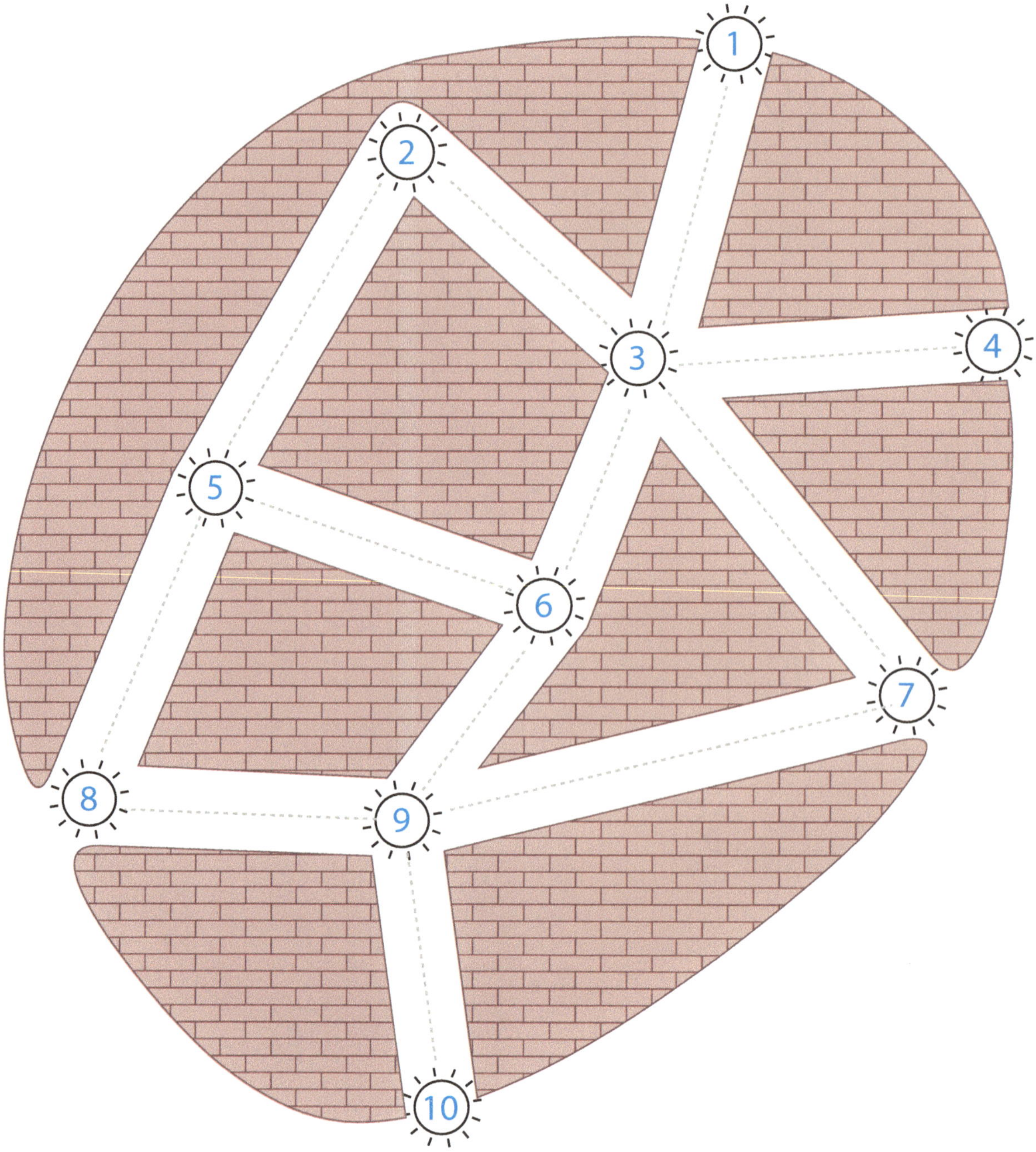

● 모든 길에 불이 비치도록 가로등 세 개를 켜려고 합니다. 몇 번 가로등을 켜야할 지 색칠하시오.

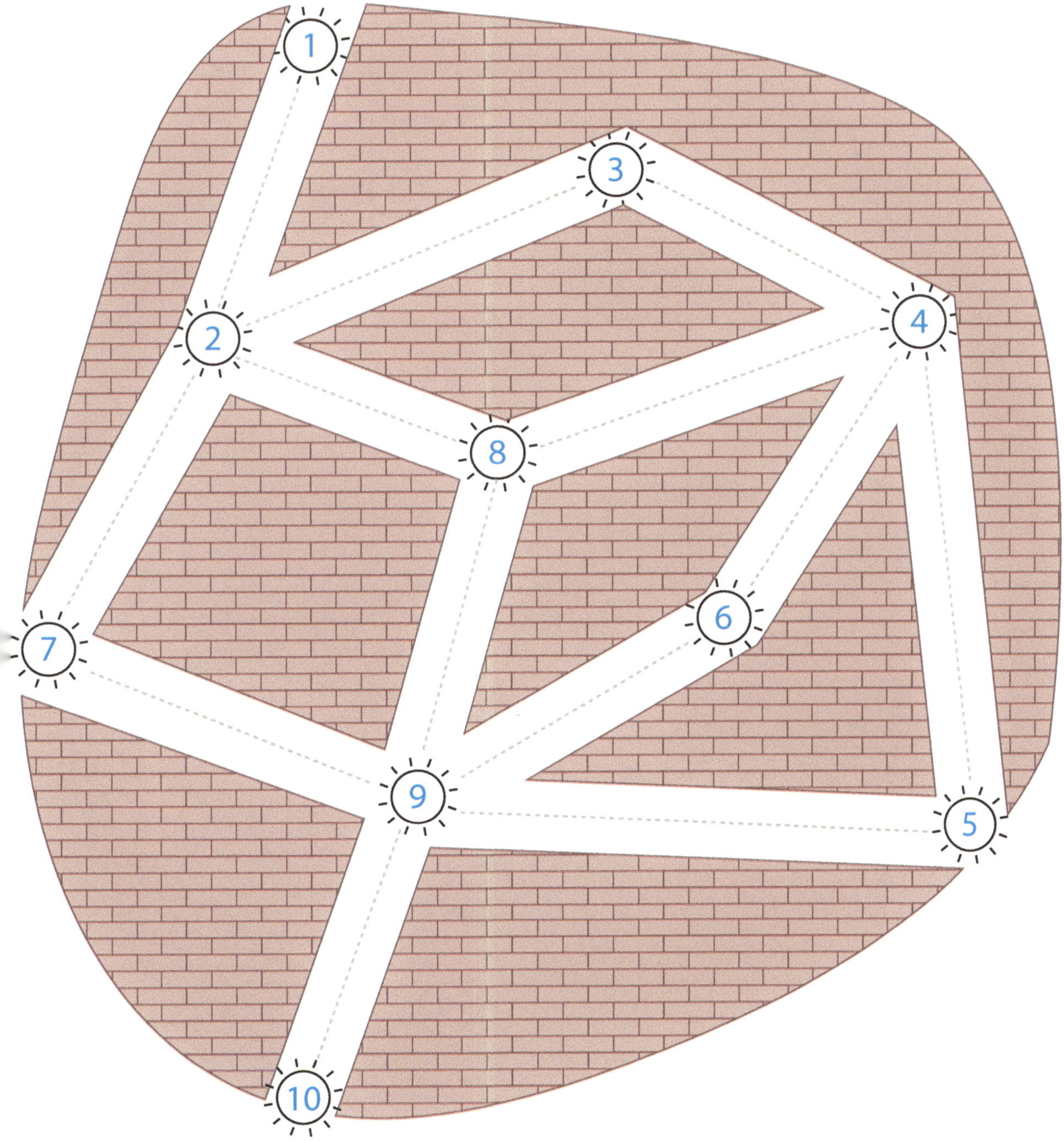

● 모든 길에 불이 비치도록 가로등 네 개를 켜려고 합니다. 몇 번 가로등을 켜야할 지 색칠하시오.

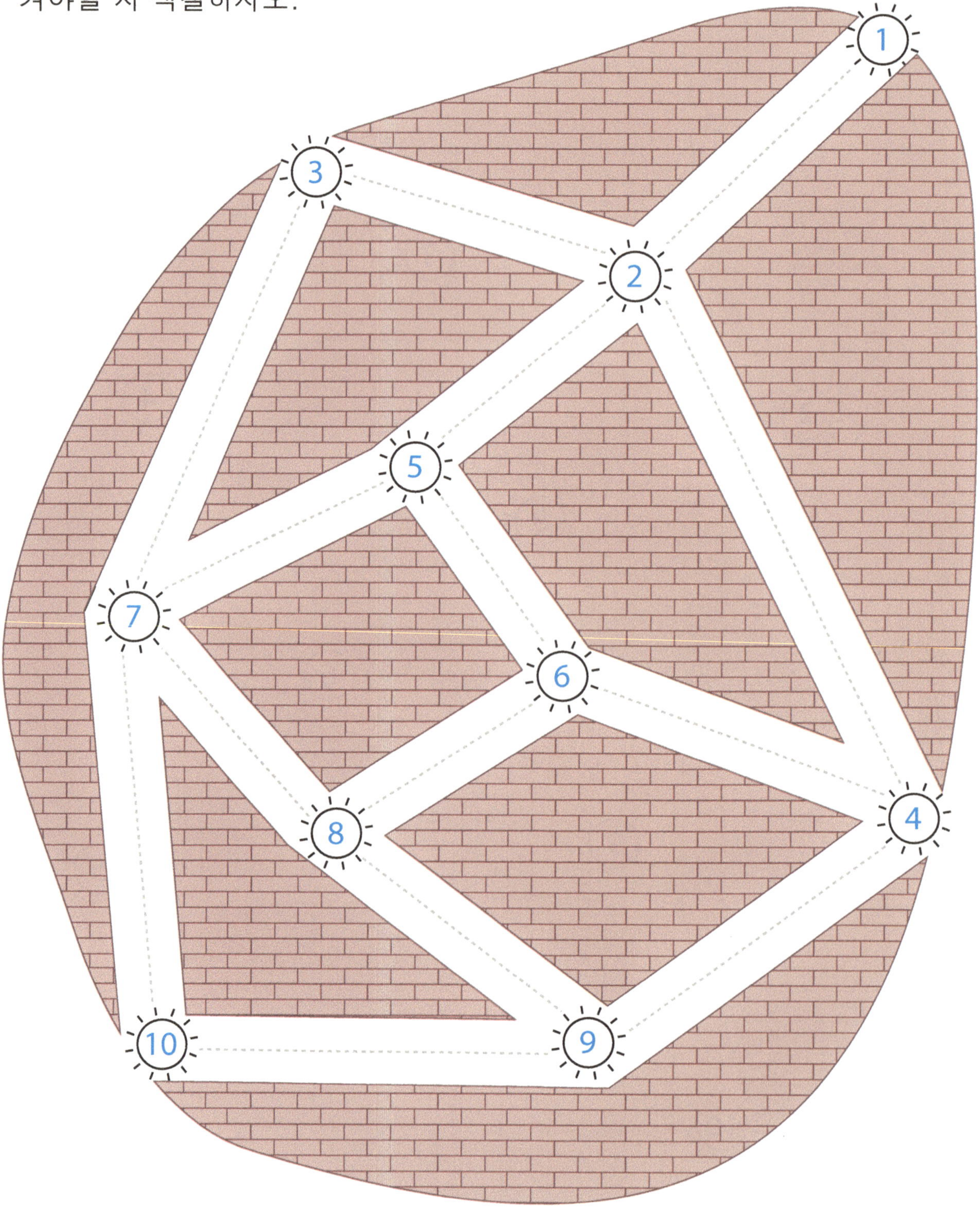

● 모든 길에 불이 비치도록 가로등 네 개를 켜려고 합니다. 몇 번 가로등을 켜야할 지 색칠하시오.

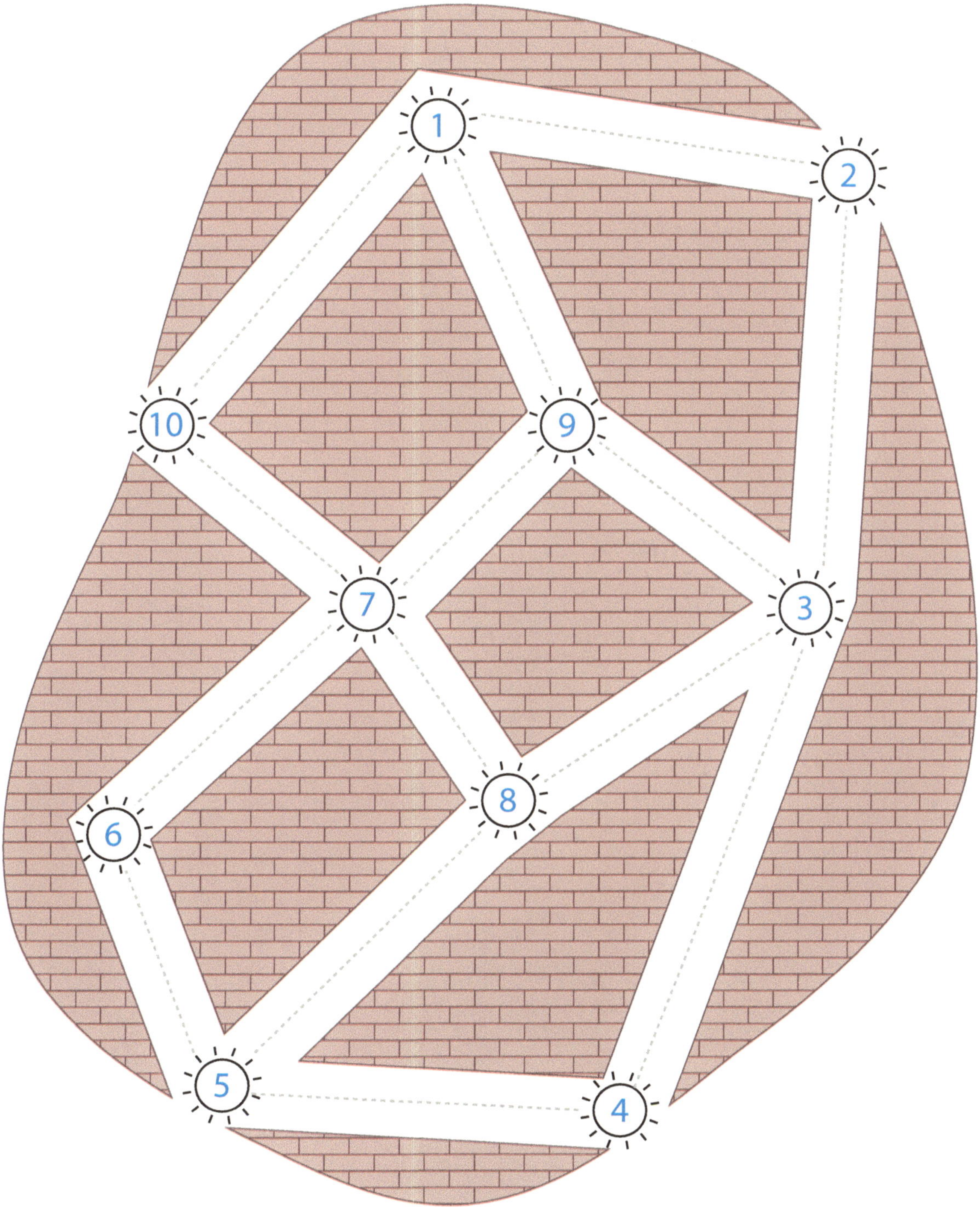

해답

3쪽
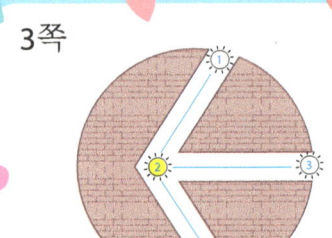

8쪽
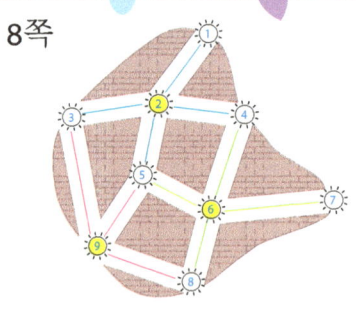

12쪽
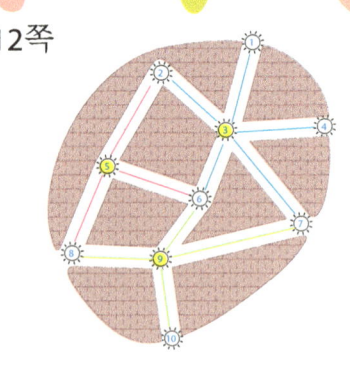

4쪽
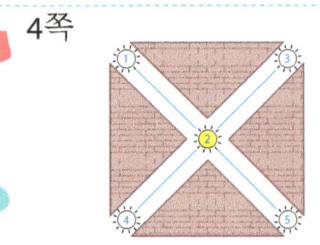

9쪽
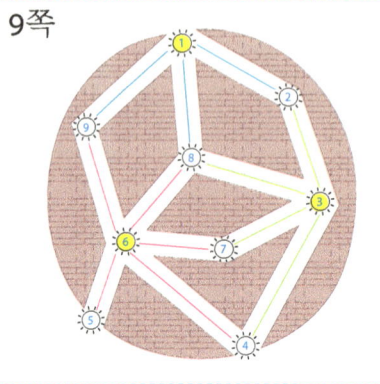

13쪽
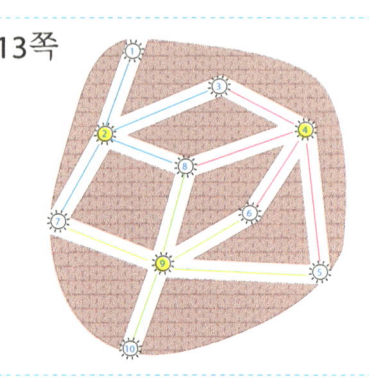

5쪽
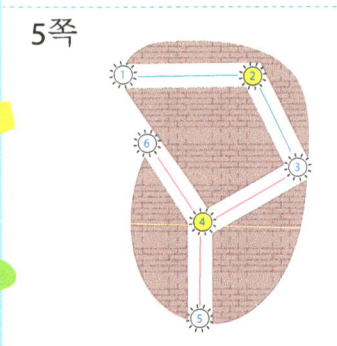

10쪽
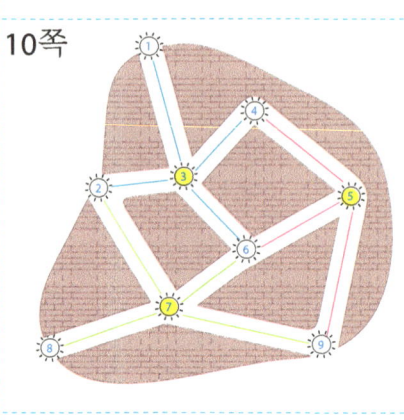

14쪽
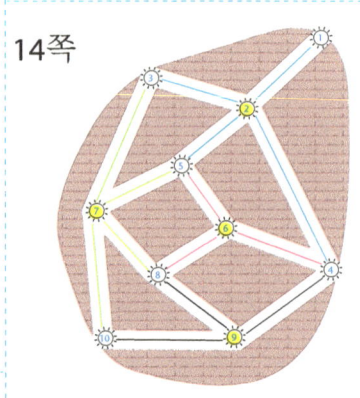

6쪽
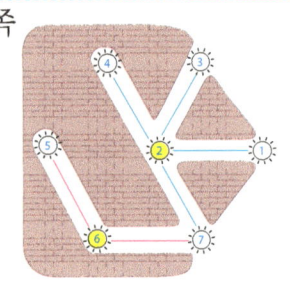

11쪽
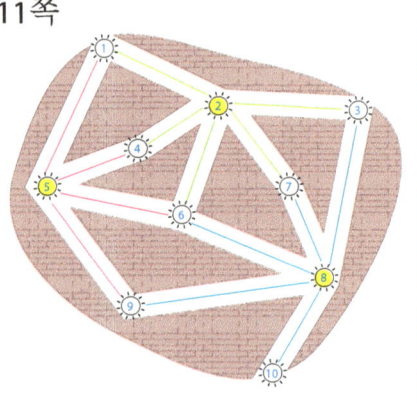

15쪽
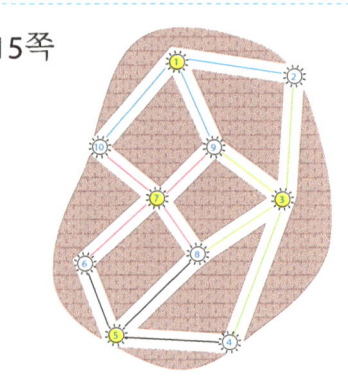

7쪽
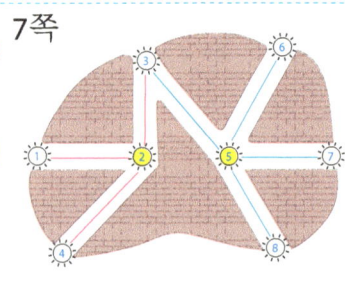

코딩 도서 목록

워크북

아주 쉬운 코딩 놀이 수학.1

1. 이진법 알기
2. 이진법 비밀 카드
3. 숫자로 그림 그리기
4. 짝수의 비밀
5. 정렬 네트워크
6. 학교 가기

아주 쉬운 코딩 놀이 수학.2

1. 바둑돌 놓기
2. 무늬 블록 돌리기
3. 암호문 풀기
4. 코딩 모양 타일
5. 순서도
6. 비행기 놀이

아주 쉬운 코딩 놀이 수학.3

1. 데이터 검색
2. 선택 정렬
3. 퀵 정렬
4. 신호 만들기
5. 전기 회로 불켜기
6. 가로등 불켜기

아주 쉬운 코딩 놀이 수학.4

1. 데이터 입력 삭제
2. 이진 트리
3. 기호 만들기
4. 데이터 줄이기
5. 최적화 네트워크
6. 안테나 설치

지침서

아주 쉬운 코딩 놀이

1. 카드 놀이
2. 숫자 놀이
3. 네트워크 놀이
4. 전략 놀이
5. 퍼즐 놀이
6. 암호 놀이
7. 순서도 놀이
8. 명령어 놀이

아주 쉬운 코딩 놀이.2

1. 검색 놀이
2. 좌표 놀이
3. 신호 놀이
4. 데이터 놀이
5. 장난감 놀이
6. 정보 놀이
7. 두뇌회전 놀이

코딩 놀이 단행본 종류

아주 쉬운 코딩 놀이는 언플러그드 활동 중심 코딩 교사 지침서입니다.

아주 쉬운 코딩 놀이 수학 1, 2는 아주 쉬운 코딩 놀이 지침서의 내용을 학생들이 쉽게 풀 수 있도록 문제 형식으로 제작한 학생용 코딩 워크북입니다.

아주 쉬운 코딩 놀이수학 ①

워크북

1. 이진법 알기
2. 이진법 비밀 카드
3. 숫자로 그림 그리기
4. 짝수의 비밀
5. 정렬 네트워크
6. 학교 가기

아주 쉬운 코딩 놀이수학 ②

워크북

1. 바둑돌 놓기
2. 무늬 블록 돌리기
3. 암호문 풀기
4. 코딩 모양 타일
5. 순서도
6. 비행기 놀이

코딩 놀이 단행본 종류

아주 쉬운 코딩 놀이 2는 언플러그드 활동 중심 코딩 교사 지침서입니다.

아주 쉬운 코딩 놀이 수학 3. 4는 아주 쉬운 코딩 놀이 2 지침서의 내용을 학생들이 쉽게 풀 수 있도록 문제 형식으로 제작한 학생용 코딩 워크북입니다.

아주 쉬운 코딩 놀이 수학 ③

워크북

1. 데이터 검색
2. 선택 정렬
3. 퀵 정렬
4. 신호 만들기
5. 전기 회로 불켜기
6. 가로등 불켜기

아주 쉬운 코딩 놀이 수학 ④

워크북

1. 데이터 입력 삭제
2. 이진 트리
3. 기호 만들기
4. 데이터 줄이기
5. 최적화 네트워크
6. 안테나 설치

코딩 보드게임 제품종류

① 카드놀이

이진법 카드놀이
- 숫자 타일
- 숫자 카드
- 점 카드

이진법 비밀 카드
- 비밀 카드

숫자 가리기놀이
- 숫자판
- 숫자 가리기 놀이판

숫자 퍼즐놀이
- 1-9숫자 블록

② 숫자놀이

숫자로 그림그리기
- 코딩 놀이판
- 블록
- 숫자로 그림그리기 카드

짝수의 비밀
- 코딩 놀이판
- 양면 코인

리버시 게임
- 코딩 놀이판
- 양면 코인

마음속의 숫자
준비물 없음

③ 네트워크 놀이

정렬 네트워크
- 워크북
- 놀이판
- 숫자타일

학교가기
- 워크북
- 학교가기 카드
- 주사위

강 건너기
- 강건너기 놀이판
- 강건너기 말
- 놀이배

④ 전략놀이

바둑돌 놓기
- 바둑돌 놓기 놀이판
- 바둑돌
- 바둑돌 놓기 카드

바둑돌자리바꾸기
- 바둑돌
- 바둑돌 자리바꾸기 놀이판

님 게임
- 놀이말

코딩 보드게임 제품종류

⑤ 퍼즐놀이

무늬블록 돌리기

- 무늬 블록
- 무늬 블록 카드

9조각 퍼즐
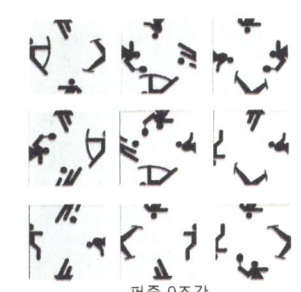
- 퍼즐 9조각

3D입체영상

- 3D입체 영상 책자

- 3D입체 안경

⑥ 암호놀이

암호문 만들기
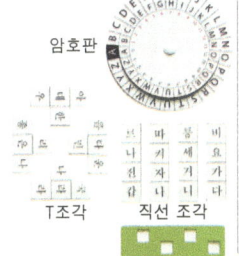
- 암호판
- T조각
- 직선 조각
- 구멍난 암호판

- 암호 종이

코딩 모양 타일

- 모양타일
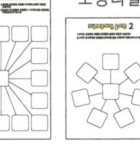 
- 모양 타일 놀이판

⑦ 순서도놀이

- 순서도 놀이판

- 순서도 카드

- 놀이말

명령어놀이

비행기 놀이
명령어 놀이 1단계

- 코딩 놀이판

- 비행기 코딩카드 / 비행기 코딩 블록

공 놀이
명령어 놀이 2단계

- 코딩 놀이판

- 공놀이 코딩카드 / 공 코딩 블록

개미 놀이
명령어 놀이 3단계

- 코딩 놀이판

- 개미 코딩카드 / 개미 코딩 블록

코딩보드게임 제품종류

데이터 놀이

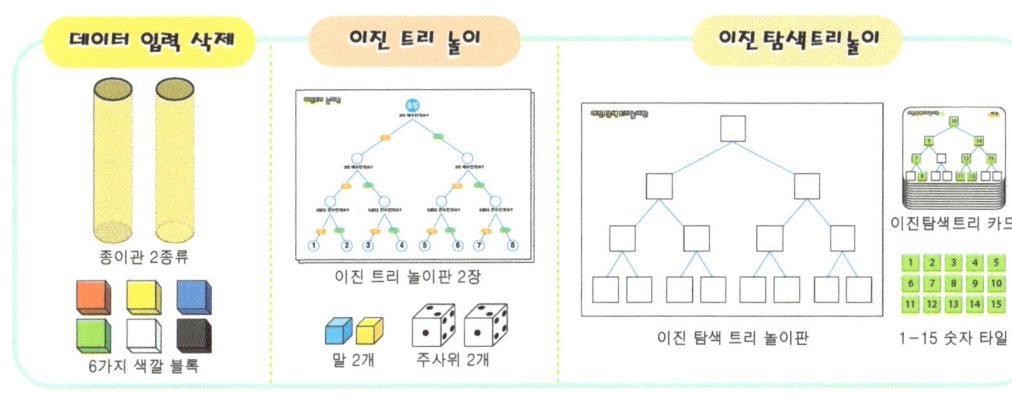

장난감 놀이

정보 놀이

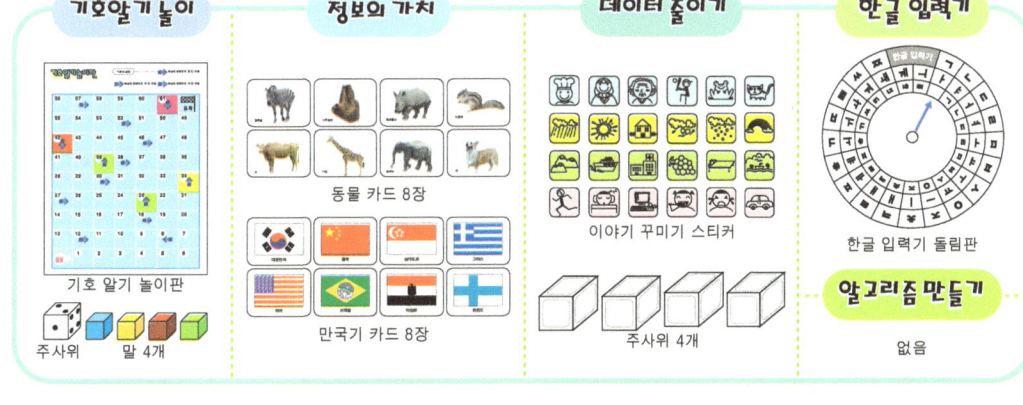

두뇌회전놀이

아주 쉬운 코딩 놀이 수학 . 3

초판 발행일 : 2018년 5월 16일

지은이 : 한버공
펴낸 곳 : 청송문화사
　　　　　서울시 중구 수표로 2길 13
홈페이지 : www.edics.co.kr
E-mail : kidlkh@hanmail.net
전화 : 02-2279-5865
팩스 : 02-2279-5864
등록번호 : 2-2086 / 등록날짜 : 1995년 12월 14일

가격 : 12000원

잘못 인쇄된 책은 서점이나 본사에서 바꿔 드립니다.
ISBN : 978-89-5767-329-4
ISBN : 978-89-5767-325-6(세트)

본 교재의 독창적인 내용은 저작권법에 의하여 보호받고 있습니다.